Fine Dust Report for Children

Global warming is having a serious impact on wildlife, according to environmental experts. Due to global warming, the Arctic sea ice is melting, and desertification is ongoing in Many Countries. According to a new study, temperatures may rise by up to 12°C in just three centuries, turning many countries into deserts.

Asian Dust is a meteorological phenomenon which affects much of East Asia year round but especially during the spring months. The dust originates from the deserts of Mongolia, northern China and Kazakhstan where high-speed surface winds and intense dust storms kick up dense clouds of fine, dry soil particles. These clouds are then carried eastward by prevailing winds and pass over Korea and Japan, as well as parts of the Russian Far East.

Since the turn of the 21st Century it has become a serious problem due to the increase of industrial pollutants contained in the Asian Dust and intensified desertification in China. Asian Dust and fine dust from China and Mongolia create a lot of problems every year. The dust is high in what we call "heavy metals."

Areas affected by the dust experience decreased visibility. The fine dust particles in sufficient concentration can obscure visibility, irritate soft tissues in the eyes, nose, mouth and throat, causing respiratory and cardiovascular problems. Also, the dust affects airports, shipyards, and factories. It can also be harmful to plants and animals.

Asian Dust and fine dust cannot be prevented, but we can prepare for them in advance. If we don't prepare for the future, we will face devastation.

How can we protect ourselves from fine dust? This book is a very fine report on how to do it. This book provides a good approach to the environment. Let's read and find out more about the crucial things in the dust.

In the Text

1. *Identifying dust*
2. *Intruder; Asian Dust and smog*
3. *Attack of the dust*
4. *Dust mainly responsible for air pollution*
5. *Stopping air pollution*

어린이를 위한
미세 먼지 보고서

풀과바람 환경생각 08

어린이를 위한 미세 먼지 보고서
Fine Dust Report for Children

1판 1쇄 | 2017년 10월 10일
1판 12쇄 | 2024년 6월 14일

글 | 서지원
그림 | 끌레몽

펴낸이 | 박현진
펴낸곳 | (주)풀과바람
주소 | 경기도 파주시 회동길 329(서패동, 파주출판도시)
전화 | 031) 955-9655~6
팩스 | 031) 955-9657
출판등록 | 2000년 4월 24일 제20-328호
블로그 | blog.naver.com/grassandwind
이메일 | grassandwind@hanmail.net

편집 | 이영란
디자인 | 박기준
마케팅 | 이승민

ⓒ 글 서지원·그림 끌레몽, 2017

이 책의 출판권은 (주)풀과바람에 있습니다.
저작권법에 의해 보호를 받는 저작물이므로 무단 전재와 복제를 금합니다.

값 13,000원
ISBN 978-89-8389-705-3 73530

※잘못 만들어진 책은 구입처에서 바꾸어 드립니다.

이 도서의 국립중앙도서관 출판예정도서목록(CIP)은 서지정보유통지원시스템 홈페이지(seoji.nl.go.kr)와
국가자료공동목록시스템(www.nl.go.kr/kolisnet)에서 이용하실 수 있습니다. (CIP제어번호 : CIP2017012260)

제품명 어린이를 위한 미세 먼지 보고서	**제조자명** (주)풀과바람	**제조국명** 대한민국	⚠ **주의**
전화번호 031)955-9655~6	**주소** 경기도 파주시 회동길 329		어린이가 책 모서리에
제조년월 2024년 6월 14일	**사용 연령** 8세 이상		다치지 않게 주의하세요.
KC마크는 이 제품이 공통안전기준에 적합하였음을 의미합니다.			

어린이를 위한
미세 먼지 보고서

서지원·글 | 끌레몽·그림

머리글

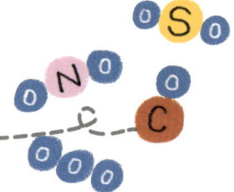

우리를 기다리는 미래는 어떤 세상일까?

영화 〈인터스텔라〉를 보면 지구는 거대한 모래 폭풍과 미세 먼지로 위협받고 있습니다. 하늘을 뒤덮는 먼지 폭풍이 수시로 불어와 집 안의 그릇도 먼지 때문에 뒤집어둬야 할 정도입니다. 지구인들은 절망합니다. 머지않아 인류는 멸망할 위기에 처합니다. 유일한 희망이 지구를 버리고 새로운 우주로 탈출하는 것이지요.

이 장면을 찍기 위해 크리스토퍼 놀런 감독은 실제로 옥수수밭을 만들고 골판지를 갈아서 먼지 폭풍을 일으켰다고 합니다.

지구의 미래 모습을 보여 준 이 영화를 본 환경 전문가들은 "이것은 먼 미래 속 이야기가 아니다. 기후의 변화로 보면 바로 우리의 현실이다."라고 말합니다.

우리나라는 해마다 3월~5월 사이에 중국에서 불어오는 황사로부터 큰 피해를 보고 있습니다. 따뜻한 봄에 찾아오는 이 불청객은 우리에게 해로운 미생물들을 먼지 속에 싣고 바다를 건너와 맑은 봄 하늘을 뿌옇게 만들어 버립니다.

이 황사 안에는 석영(규소), 알루미늄, 구리, 카드뮴, 납 같은 것이 들어 있어서 우리의 건강을 위협합니다. 호흡기 질환과 눈병, 피부병 등에 걸리게 하지요. 예전에는 황사가 봄에만 일어났지만, 이제는 어느 계절이든 일어나고 있으며, 특히 겨울철에도 나타나고 있습니다.

황사는 몽골 고비 사막, 타클라마칸 사막, 황하 상류 지대의 흙먼지가 바람을 타고 우리나라로 날아오는 현상입니다.

겨울철에 불어오는 황사는 중국에서 난방을 위해 화석 연료를 사용하거나 자동차의 배기가스, 공업 지역에서 나온 유해 물질이 우리나라로 넘어온 것입니다. 그래서 겨울철 황사가 봄철 황사보다 사람에게 해로운 중금속이 많이 섞여 있습니다.

황사나 미세 먼지는 감기에 걸리게 하거나 후두염, 천식, 알레르기성 결막염, 아토피 피부염 등 우리 몸에 여러 가지 피해를 줍니다.

먼지의 습격을 당장 막을 방법은 없습니다. 하지만 우리가 정확한 지식과 정보를 바탕으로 미래를 준비한다면, 앞으로 그 피해는 점점 줄여나갈 수 있습니다.

이 책은 우리가 가진 정보를 통해 미래를 준비하는 시대를 열기 위해 쓴 책입니다. 우리의 미래가 〈인터스텔라〉처럼 먼지로 뒤덮인 세상이 아니라, 맑은 햇살과 깨끗한 공기가 있는 세상이 되기를 바라는 마음으로 이 책을 여러분의 미래를 위해 바칩니다.

여러분의 친구
서지원

차례

1. 먼지의 정체

먼지는 아주 작은 가루 … 11

우주에도 먼지가 있을까? … 12

지구도 먼지였다고? … 14

먼지 때문에 공룡이 멸종했다고? … 16

자연에서 만들어지는 먼지 … 18

사람이 만들어낸 먼지 … 20

먼지 속 유독 물질 … 22

먼지에 따라 달라지는 하늘 색깔 … 24

이 세상에 먼지가 없다면? … 26

생활에 도움이 되는 먼지 … 28

2. 불청객, 황사와 스모그

아시아의 먼지 '황사' … 30

황사 발생 과정 … 32

황사가 주는 피해 … 34

연기와 안개가 합쳐진 '스모그' … 38
    자동차 배기가스가 위험한 까닭 … 40
    우리 동네 대기질 … 44
    역사 속 최초의 대기 오염 사건 … 46

3. 먼지의 공격

위험한 먼지의 정체 … 48
    먼지가 우리 몸에 끼치는 영향 … 50
    집 안팎의 먼지 차이 … 52
    먼지를 피하는 방법 … 54

눈에 보이지 않는 미세 먼지 … 56
    미세 먼지와 황사의 차이점 … 58
    미세 먼지의 영향력 … 59
    미세 먼지가 일으키는 질병 … 60

너무나 작은 초미세 먼지 … 62
    초미세 먼지의 위험성 … 63
    우리 몸은 먼지를 얼마나 막을 수 있을까? … 64

차례

먼지가 주는 경제적 손실 … 66

미세 먼지 예보 … 68

황사를 피하는 방법 … 70

황사 방지용 마스크 … 72

4. 대기를 오염시키는 먼지

지구를 뜨겁게 만드는 먼지 … 75

먼지도 온실가스? … 76

이산화탄소와 지구 오염 … 78

자외선을 막는 오존층 … 82

오존층 파괴 영향 … 84

오존층 파괴 원인 … 86

오염된 비, 산성비 … 90

산성, 중성, 염기성 … 91

산성비가 내리는 까닭 … 92

선진국과 개발도상국의 대기 오염 … 94

5. 대기 오염을 막는 방법

대기 오염 대책 … 96
- 깨끗한 지구를 만들기 위한 세계인의 약속 … 98
- 공기를 맑게 하는 방법 … 100
- 피톤치드 숲의 효과 … 102
- 갯벌 지키기 … 104

가정에서 대기 오염 줄이기 … 106
- 나의 '탄소 발자국' … 110
- 가정에서 지켜야 할 수칙 … 112

먼지 관련 상식 퀴즈 … 114
먼지 관련 단어 풀이 … 117

1. 먼지의 정체

먼지는 아주 작은 가루

모래보다 작아서 작은 바람에도 쉽게 날리는 아주 작은 가루를 '먼지'라고 해요. 커다란 덩어리에 힘을 가하면 잘게 부서지는데, 오랫동안 점점 더 작게 부서져서 먼지가 돼요.

사실 먼지는 너무 작아서 눈에는 잘 보이지 않지만, 우리 주변 어디에든 퍼져 있어요. 날씨 좋은 날 방 안에 들어오는 햇살을 가만히 살펴보세요. 무언가 뿌연 것들이 공기 중에 둥둥 떠다니는 것을 볼 수 있을 거예요. 이런 것들이 모두 먼지랍니다.

먼지는 사람을 비롯해 땅, 바다, 동물, 식물 등 이 세상에 존재하는 모든 것들로부터 만들어지고 있어요.

내가 바로 먼지랍니다.

우주에도 먼지가 있을까?

불빛이 거의 없는 시골에서 밤하늘을 올려다보면, 마치 우주에 별만 있는 것처럼 수많은 별이 떠 있는 것을 볼 수 있어요. 하지만 우주 공간 역시 먼지로 둘러싸여 있지요.

물론 지구에서처럼 좁은 공간에 어마어마한 개수가 있는 것은 아니에요. 우주 공간이 워낙 넓어서 지구에서 망원경으로 바라보면 희뿌옇게 보일 정도예요.

　은하에는 수백만 개의 별이 있어요. 이 별들도 사람처럼 태어나서 자라다가 사라져요. 태양보다 큰 별들은 폭발하며 소멸하는데, 폭발할 때 별을 이루고 있던 물질이 산산이 부서져 우주로 퍼져나가 모두 우주 먼지가 돼요.

　어떤 별은 100억 년 동안 계속 타기도 하는데, 이 과정에서 수많은 먼지가 만들어진답니다.

지구도 먼지였다고?

우주에 퍼져 있는 먼지들은 가까운 것끼리 끌어당겨서 점점 커다란 먼지구름을 만들어요. 그런 먼지구름을 '성운'이라고 해요.

먼지가 모일수록 다른 먼지를 끌어당기는 힘이 세져 지나가는 혜성이나 우주 파편들과 충돌이 일어나기도 해요. 그럼 성운은 밀도가 높아지면서 더욱 단단하고 둥근 모양으로 변해가지요.

먼지 밀도가 높아진 성운은 안에서 빛을 내기도 하는데, 바로 별이 탄생하는 거예요. 별 주변 어떤 먼지 뭉치는 별에 합쳐지지는 않지만, 별의 힘에 이끌려 주변에 묶이는데, 이런 먼지 뭉치가 바로 별의 행성이 된답니다. 바로 지구처럼 말이지요. 행성 또한 별처럼 주변의 먼지를 끌어들이면서 밀도가 높아지고 단단해져요.

별이 소멸하면서 생긴 먼지는 행성이나 생명체의 구성 물질이 돼요. 이 먼지에는 다양한 성분의 영양소나 원자들이 포함되어 있어요. 그래서 그 물질에 따라 단단한 행성이 되기도 하고 기체로 이루어진 행성이 되기도 해요.

지구나 화성은 단단한 행성인데, 행성을 구성하는 물질 중에 광학 성분이나 철 성분들이 있어 암석이나 바윗덩어리를 만들기 때문이에요. 하지만 모든 행성과 별에 단단한 땅이 있는 것은 아니에요. 태양이나 목성은 수소와 헬륨 가스로 이루어진 가스 덩어리이거든요.

태양계의 형성 과정

먼지 때문에 공룡이 멸종했다고?

오랫동안 지구를 지배했던 공룡이 어느 날 갑자기 지구에서 사라져 버렸어요. 공룡의 멸종 원인에 관한 의견이 분분한데요. 많은 학자가 그 당시 지구가 커다란 운석과 충돌하면서 지구 환경에 변화가 생겼기 때문이라고 생각하고 있어요.

지구가 운석과 충돌했다면 엄청난 먼지구름이 발생했을 거예요. 이 먼지구름이 하늘을 덮어서 햇빛을 가려 버렸어요. 지구의 온도는 급격히 떨어졌고, 식물이 자랄 수 없었지요. 식물이 사라지면서 초식 공룡과 육식 공룡 모두 먹이를 구할 수 없어 결국 굶어 죽게 되었어요.

운석 충돌로 먼지가 생기지 않았다면, 지구의 모습이 지금과 다르지 않을까요?

자연에서 만들어지는 먼지

지구는 약 70%가 물이고, 30%는 땅이에요. 그중에서 사막이 육지의 약 10%를 차지한답니다.

사막은 먼지 제조기 같은 곳이에요. 1년에 약 15억 톤 모래 먼지가 대기권에서 발견된다고 하니 어마어마한 양이지요.

아프리카의 사하라 사막, 서아시아 사막, 몽골 고비 사막 등이 중요한 먼지바람의 근원지예요. 사막에는 모래뿐 아니라 돌, 바위 등 여러 지형이 있는데, 바람이 모래를 날리기도 하고 돌이나 바위의 표면을 깎아 먼지를 만들기도 해요.

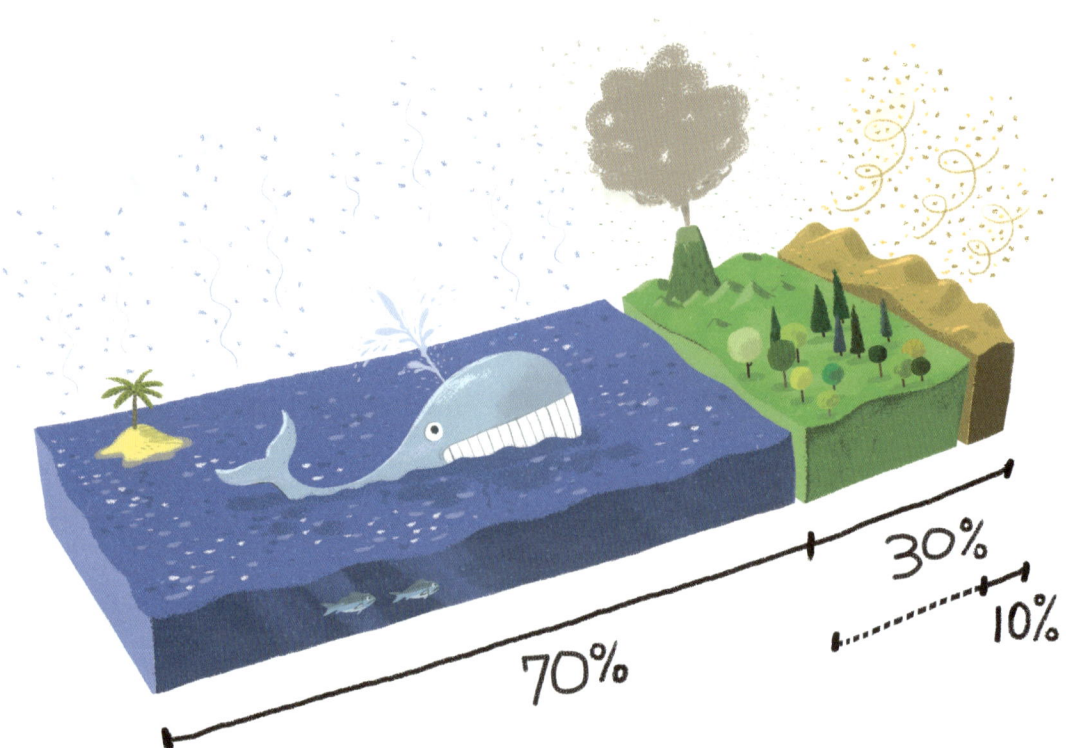

바닷물이 증발하면 바닷속 소금도 함께 기체에 포함되어 물 위로 올라가요. 바다에서 만들어지는 이런 소금 먼지는 기체가 되어 대기권으로 올라가서 내륙의 이곳저곳으로 옮겨져요.

바이러스, 박테리아(세균), 꽃가루, 식물의 홀씨 등도 자연이 만들어낸 먼지예요. 모두 너무 작아서 눈에 잘 보이지 않지만, 바람을 타고 공기 중에 둥둥 떠다니고 있지요. 바이러스나 박테리아는 스스로 번식이 불가능하므로 바람을 타고 사람 몸이나 땅, 동물 몸속으로 들어가요.

화산 폭발은 다른 어떤 먼지보다 기후에 큰 영향을 미쳐요. 화산 속 마그마가 분출하면서 지구 안쪽에 숨어 있던 다양한 광물 가루나 화산재가 뿜어져 나와요. 아래쪽에서 큰 힘을 받아 위쪽으로 뿜어져 나온 광물 먼지는 대기권 위쪽까지 올라갈 수 있어요. 그래서 성층권에 커다란 먼지구름을 만들어요. 이 먼지구름은 태양 빛을 가려 지구 온도를 급격히 낮추기 때문에 갑자기 여름이 없어지거나 긴 시간 한파를 만들어낼 수 있어요.

이 밖에도 동물이 움직이면서 떨어뜨리는 털이나 피부 등도 모두 자연이 만들어낸 먼지예요.

사람이 만들어낸 먼지

사람이 만들어낸 먼지는 전체 먼지 중 사실 10%도 넘지 않아요. 하지만 적은 양인데도 지구와 사람, 자연 모두에 나쁜 영향을 미쳐요. 모래 먼지나 소금 먼지보다 훨씬 크기가 작아서 대기권에 오래 머물 수 있기 때문이에요.

사람은 움직이면서 계속 먼지를 만들어요. 비듬이나 피부 조각뿐 아니라 활동할 때마다 옷과 몸에서 폴폴 먼지가 나죠. 또 산업 활동, 사회 활동을 통해서도 많은 먼지를 만들어내고 있어요. 땅을 파헤치고 건물을 지을 때, 자동차가 움직일 때마다 새로운 먼지가 생겨나요.

자동차는 매연도 만들어내는데, 매연 역시 먼지의 일종이에요. 석유와 석탄 같은 화석 연료는 없어서는 안 될 중요한 자원이지만, 사용하면서 발생하는 배기가스에는 그을음과 먼지 등의 유해 성분이 가득해요.

산업화, 도시화가 빠르게 진행되면서 먼지 또한 다양해졌어요. 기계나 공장에서 여러 산업 먼지가 만들어지고, 예전에는 전혀 볼 수 없었던 새로운 화학 물질이 공기 중에 노출돼요. 과학의 발달로 새로운 소재와 기술이 발달하면서 위험한 먼지도 점점 많아지고 있어요.

먼지 속 유독 물질

세상에는 눈에 보이는 먼지도 있고 눈에 보이지 않는 아주 작은 먼지도 있습니다. 그중에서도 공기 중에 퍼져서 사람이나 생물에 나쁜 영향을 주는 물질들을 '대기 오염 물질'이라고 불러요.

이런 대기 오염 물질은 사막의 모래 먼지나 화산재 때문에 만들어지는 것도 있지만, 대부분 사람들이 생활하면서 만들어낸 것들이 많아요.

　현재까지 사람들의 기술로 발견할 수 있는 물질은 약 200여 가지가 넘는다고 해요. 기술이 발전하면 더 많은 유독 물질이 발견될 거예요.

　이산화탄소나 일산화탄소처럼 단독으로 위험한 것도 많지만, 오염 물질들이 결합해 새로운 합성물까지 만들어내고 있어서 더 위험해요. 우리나라에는 나쁜 물질 중 특히 심각한 영향을 줄 수 있는 물질을 <대기 환경 보전법>에 기록해 관리하고 있답니다.

　대기 오염 물질은 가스 상태의 오염 물질과 분진으로 나눌 수 있어요. 가스에는 아황산가스, 질소 산화물 등이 있으며, 대표적 분진이 미세 먼지입니다.

먼지에 따라 달라지는 하늘 색깔

태양에서 나오는 빛은 무엇인가에 부딪힐 때마다 꺾이는 특성이 있어요. 대기 중에 퍼져 있는 여러 기체 분자와 가스 먼지에 부딪히면서 빛은 더 많이 꺾이며 이동하게 돼요. 이렇게 빛이 대기의 입자와 충돌해 여러 방향으로 흩어지는 것을 '빛의 산란'이라고 해요.

태양 빛 가운데 우리가 눈으로 볼 수 있는 빛을 '가시광선'이라고 불러요. 빨강, 주황, 노랑, 초록, 파랑, 남색, 보라색의 일곱 가지 빛으로 이루어져 있지요.

짧은 파장의 빛일수록 산란이 강하게 일어나는데, 보라색이 가장 파장이 짧고, 빨간색이 가장 길어요.

'파장'이라는 것은 일정 거리를 이동하는데 얼마나 움직이면서(진동) 이동하느냐를 말해요. 무지갯빛 중에서 보라색으로 갈수록 많이 움직이기 때문에 파장이 짧아요. 파장이 짧다는 것은 지구까지 오는 동안 더 많이 꺾이면서 빛이 흩어지게 된다는 뜻이에요. 많이 부딪치고 흩어질수록 그 색깔이 많이 보이지요.

그런데 왜 하늘은 보라색이 아니라 파란색일까요? 보랏빛은 두꺼운 대기권을 통과하지 못하고 거의 사라져요. 더욱이 사람의 눈은 보랏빛을 잘 보지 못해 파란색으로 보이는 거랍니다.

빛이 지구까지 올 때 대기 중에 먼지가 적으면 하늘은 더 맑고 깨끗하게 보여요. 반대로 먼지가 많으면 더 많은 굴절과 산란이 일어나 하늘은 하얀색으로 보인답니다.

가시광선(빛)의 산란

먼지 적은 날   먼지 많은 날

이 세상에 먼지가 없다면?

이 세상 먼지가 전부 없어지면, 지구가 깨끗하고 살기 좋아질까요? 아마 지구의 먼지가 다 없어지면 더는 지구에서 살 수 없을지도 몰라요. 지구가 너무 뜨거워지기 때문이에요.

구름은 하늘에서 물방울들이 한 덩어리로 뭉쳐 있는 상태라고 할 수 있어요. 그런데 땅 위에서 증발한 수증기는 하늘에 떠 있는 먼지를 만나야 물방울로 변할 수 있어요. 먼지 겉면에 수증기가 맺혀 물방울이 되거든요.

구름은 태양으로부터 비치는 햇살을 반사하기도 하고, 빛을 가려 지구에 그림자를 만들기도 해요. 구름이 없다면 햇빛이 그대로 지구에 전달되기 때문에 땅이 정말 뜨거울 거예요.

만약 지구에 먼지가 없다면, 우리가 볼 수 있는 식물이 반으로 줄어 버릴 거예요. 어떤 꽃은 벌이나 나비가 꽃가루를 날라서 꽃을 만들기도 해요. 하지만 또 다른 꽃이나 나무는 꽃가루가 바람에 날려 땅에 내려앉아야 새싹을 틔울 수 있어요. 지구에 퍼져 있는 먼지 중에는 꽃이나 나무의 씨앗 가루도 많으니까요.

곰팡이 역시 자연이 만들어낸 중요한 먼지인데요. 곰팡이 먼지가 없다면 동식물 사체가 썩지 않고 그대로 땅 위에 남아 있게 됩니다.

사하라 사막의 모래 먼지는 바다나 열대 우림의 물고기나 식물이 잘 자라게 도와주고 있어요. 모래 먼지에 섞여 있는 영양분이 바닷속 플랑크톤의 먹이가 되고, 많은 비로 영양분이 빠져나간 열대 우림에 새 영양분을 주기도 한답니다.

이 세상에 먼지가 없다면, 세상은 정말 깨끗해질까요? 지금 우리가 보는 지구의 모습도, 동식물도 모두 다른 모습을 갖게 될 거예요.

생활에 도움이 되는 먼지

사실 사람들은 옛날부터 먼지를 만들어 생활에 이용해 왔어요. 4000년 전 핀란드에서 섬유질이 풍부한 돌을 잘게 가루로 만들었어요. 먼지처럼 아주 작게요. 그 가루를 이용해 그릇도 만들고 집 지을 진흙에 섞어 쓰기도 했어요.

과테말라에서는 화산재 먼지를 이용해 그릇을 만들었어요. 먼지로 만든 그릇은 다른 흙으로 만든 그릇보다 단단해서 잘 깨지지 않았기 때문이에요.

할아버지는 그릇 장인이에요. 화산재로 접시를 뚝딱 빚어내지요.

2. 불청객, 황사와 스모그

아시아의 먼지 '황사'

봄철에 불어오는 모래 먼지바람을 '황사'라고 해요. 우리나라를 비롯해 중국, 일본에서 이런 현상이 일어나므로 외국에서는 '아시아 먼지(Asian Dust)'라고 불러요.

우리나라에서는 원래 '흙비'라고 불렀는데, 1950년대부터 황사로 부르고 있어요. 대한민국, 중국, 일본 세 나라 모두 황사(黃砂)라는 이름을 사용하는 건 하늘에서 떨어지는 누런 모래를 뚜렷이 느낄 수 있기 때문이겠지요?

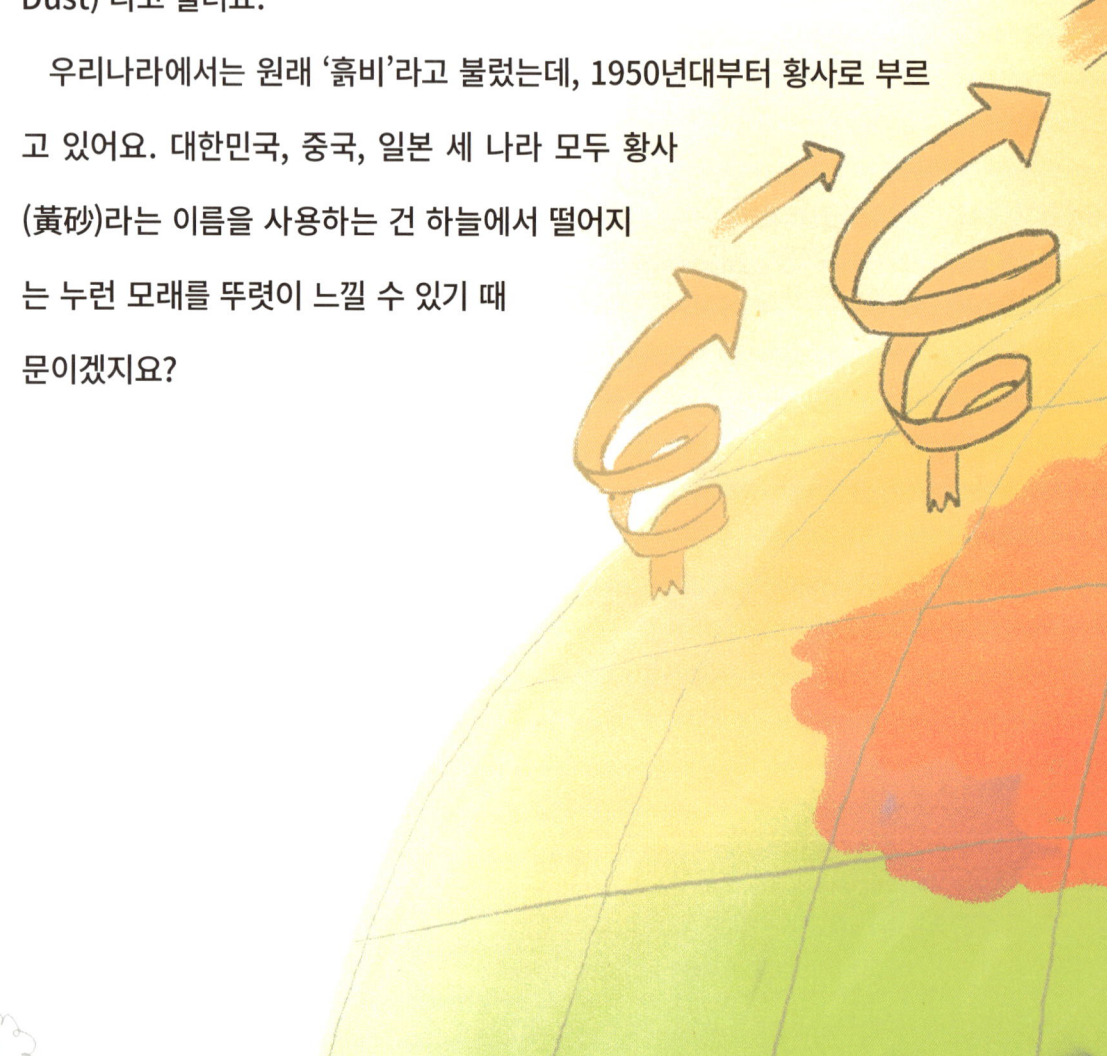

황사

몽골
중국
대한민국
일본

황사 발생 과정

우리나라에 영향을 미치는 황사의 주요 발원지는 중국과 몽골의 사막 지대와 황허강 중류의 황토 지대예요. 이곳은 원래 식물이 자라기 어려운 곳인 데다, 중국의 겨울은 건조해서 모래 먼지가 많이 생길 수밖에 없어요.

그곳에 봄이 와서 땅이 가열되면, 대기가 불안정해져 강한 상승 기류가 나타나고, 중심부 기압이 주변보다 낮아져 저기압이 발생해요. 이때 모래는 하늘 위로 떠올라 편서풍을 타고 우리나라 쪽으로 날아와요.

편서풍은 지구의 남북 위도 30~65도 사이의 중위도 지방에서 1년 내내 서쪽으로 치우쳐 부는 바람이에요. 우리나라는 물론 황사 발원지인 중국의 고비 사막, 타클라마칸 사막, 황하 유역 등이 모두 편서풍대에 있어 황사는 이 서풍을 타고 우리나라로 쉽게 들어오지요.

봄철 우리나라에서는 저기압이 지나가고 고기압이 나타나면서 흙먼지가 하강 기류를 타고 내려와 지표면에 떨어진답니다. 이런 조건 때문에 특히 3~5월에 황사가 심하게 발생해요.

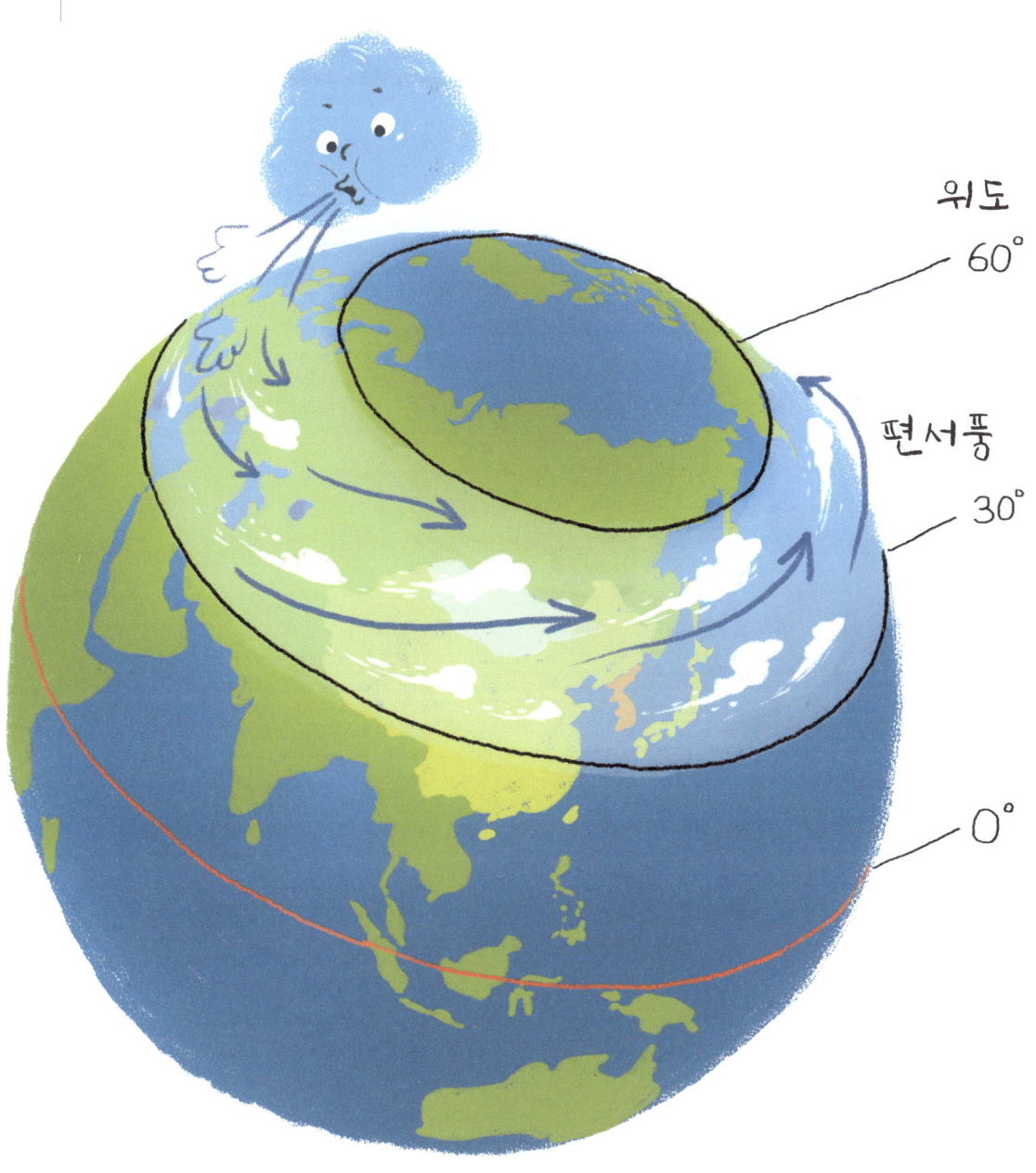

황사가 주는 피해

황사가 발생한 날 하늘을 쳐다본 적 있나요? 하늘이 뿌옇고 어두컴컴해 보일 거예요. 황사의 모래 먼지는 햇빛을 차단해서 태양 에너지가 크게 줄어들어요.

황사는 사람과 동식물에 나쁜 영향을 줘요. 우선 식물의 잎에 황사 먼지가 달라붙으면 기공이 막혀 광합성을 제대로 할 수 없어요. 그러면 식물은 시들시들 힘이 없어지고 말라 죽어요.

　황사가 있을 때 사람이 마시는 먼지의 양은 평소보다 3배가량 많아져요. 특히 미세 먼지와 함께 여러 유해 물질이 몸속으로 들어와 기관지나 폐에 쌓여 천식 같은 호흡기 질환을 발생시키거나 눈이나 피부의 염증과 알레르기를 일으킬 수 있어요.

　또한 황사는 시야를 악화시켜 항공기 운항을 방해하기도 하고, 반도체와 자동차 등 정밀 기계 만드는 데에도 어려움을 줍니다. 건물 외벽에 달라붙어 빨리 썩게도 하지요.

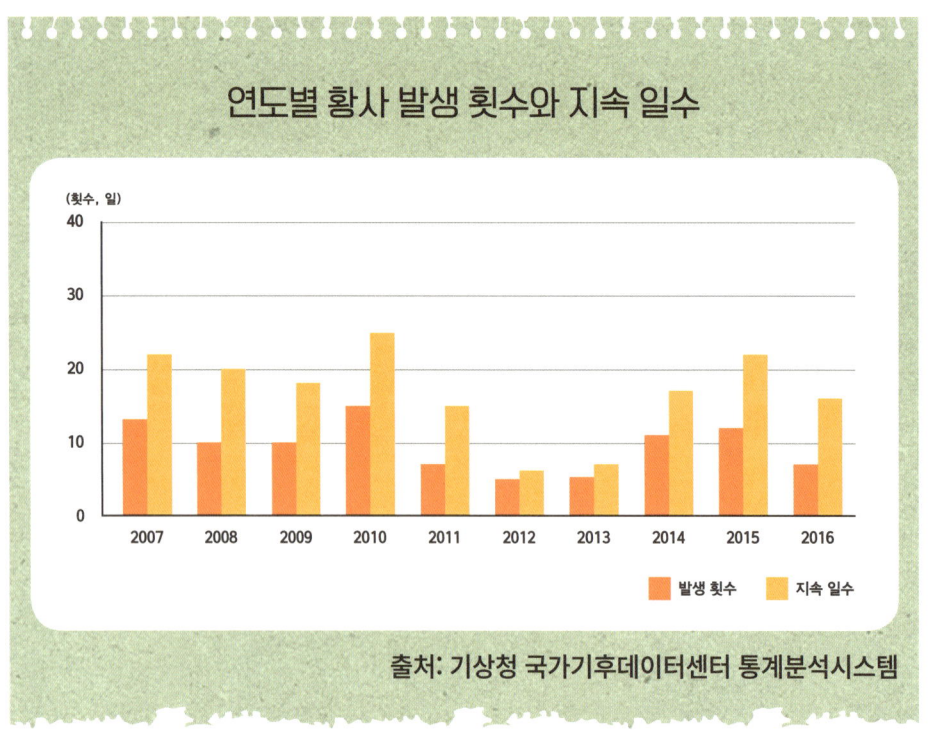

출처: 기상청 국가기후데이터센터 통계분석시스템

　우리나라에 영향을 준 황사의 연도별 발생 횟수를 보면 2013년 5회, 2014년 11회, 2015년 12회, 2016년에는 7회의 황사가 관측되었어요. 지구의 기온이 높아지는 '지구 온난화' 등으로 중국 북부 내륙 지방의 사막 지역이 점점 넓어지면서 2000년대 들어서 황사의 발생 횟수와 강한 황사 현상이 증가하고 있습니다. 1990년대에는 연평균 황사 발생 빈도가 3.3회 정도였으나, 2000년 이후 평균 8.6회로 급격히 증가했어요.

　원래 모래 먼지 자체는 산성비를 중화하는 중요한 역할을 담당하고 있어요. 하지만 요즘 중국에서 넘어오는 황사는 단순한 모래 먼지가 아니에요.

편서풍을 타고 날아오던 모래가 베이징, 상하이 등 중국 동부 연안 공업 지대를 지나면서 이 지역의 카드뮴이나 납 같은 중금속 가루와 섞이게 돼요. 그래서 황사가 불어올 때면 마스크를 쓰고, 야외 활동을 줄여야 해요.

요즘은 계절과 상관없이 황사가 자주 불어와 더욱 심각한 문제가 되고 있어요. 예전에는 3, 4월이 되어서야 황사 현상이 발견되었지만, 최근에는 1월에도 황사가 발생해요.

이는 발원지가 점점 넓어지고 있기 때문이에요. 무분별한 개발로 모래바람을 막아 주던 산림 지역이 줄어들고, 땅이 황폐해지고 있어요. 지구 온난화로 사막화가 빠르게 진행되고 있고요.

황사가 심할 때 베이징 같은 지역은 아예 눈앞 1미터가 보이지 않을 정도이며, 우리나라에서는 비행기 운항이 중단되고 휴교하기도 합니다.

연기와 안개가 합쳐진 '스모그'

스모그는 마치 안개가 낀 듯 매연 등으로 하늘이 뿌옇게 보이는 현상을 말해요. 산업 혁명 이후 도시에서 이런 현상이 발생하자, 연기(smoke)와 안개(fog) 두 단어가 합쳐져 스모그(smog)라는 새로운 단어가 만들어졌어요.

산업 혁명으로 공장이 늘어나면서 많은 매연이 만들어졌습니다. 이 오염된 공기들이 바람이 약할 때면 위로 날아가지 못하고 안개와 함께 도시 위에 오래 머물면서 사람들 눈에 염증을 일으키고, 숨을 쉴 수 없게 했어요.

1952년, 영국 런던에서는 이런 엄청난 스모그가 발생해 많은 사람이 죽고, 아프게 되었어요. 이 때문에 공장이나 가정의 난방 시설에서 나오는 오염 물질로 만들어지는 검은색 스모그를 '런던형 스모그'라고 부른답니다.

자동차 배기가스 속에 포함된 질소 산화물이 태양 광선과 화학 반응을 일으켜 스모그를 일으키기도 해요.

황갈색을 띠는 이런 스모그는 1940년대 미국 로스앤젤레스에서 발생한 스모그에서 유래해 '로스앤젤레스형 스모그'로 불립니다.

우리나라에서는 두 가지 유형의 스모그가 모두 발생해요. 스모그를 일으키는 원인이 복합적으로 존재하기 때문입니다.

자동차 배기가스가 위험한 까닭

자동차 등에 석유가 널리 쓰이면서 요즘에는 로스앤젤레스형 스모그가 많이 발생하고 있어요. 석유는 주로 탄소와 수소로 이루어져 있고, 여기에 황과 질소 등 다른 성분들이 조금씩 섞여 있어요.

석유 속 물질들은 연소하면서 주로 물과 탄산가스로 바뀌지만, 가끔은 연소가 제대로 되지 않아 일산화탄소나 질소 산화물, 아황산가스 같은 물질로 남게 된답니다.

　연소 과정에서 산소가 충분하면 탄소와 화학 반응이 잘 이루어지는데 이를 '완전 연소'라고 해요. 탄소가 완전히 연소하면 이산화탄소가 되고, '불완전 연소' 하면 일산화탄소가 되는 거예요.

　이산화탄소는 원래 공기 중에 0.03% 정도 들어 있는데, 20% 이상으로 많아지면 사람들이 숨을 쉴 수 없게 돼요. 석유나 석탄 같은 화석 연료들을 태우면 이산화탄소가 많이 발생하므로 공기 중에 이산화탄소 농도가 높아질 수밖에 없어요.

　이산화탄소보다 일산화탄소가 사람 몸에는 더 치명적이에요. 일산화탄소는 적혈구 속에 있는 헤모글로빈 성분을 다른 성분으로 변질시켜 산소를 몸속에 전달하지 못하게 만들어요. 일산화탄소는 냄새도 없고, 색깔도 없어서 쉽게 중독될 수 있답니다.

자동차 배기가스 속에는 질소 산화물도 들어 있어요. 석유가 연소하면서 아주 온도가 높고, 압력이 센 가스가 만들어지는데, 이때 공기 중에 있던 질소가 산소와 만나 만들어지는 물질이 바로 질소 산화물이에요. 공기 중 78% 정도가 질소이기 때문에 높은 온도의 가스가 질소를 만나는 것은 아주 쉬운 일이에요.

질소 산화물이 햇빛과 만나게 되면 오존을 형성하게 돼요. 대기 중 오존의 농도가 높아지면 호흡기와 눈에 자극을 느끼고, 기침이 발생해요. 그래서 천식이나 기관지염의 원인으로 꼽히고 있지요.

또 산성비의 원인이 되기도 하고, 식물의 성장을 방해하기 때문에 질소 산화물을 대기 오염 물질로 분류하고 있답니다.

에스파냐 바르셀로나 환경역학연구소 조사 결과에 따르면, 도시의 오염된 공기가 어린이의 폐뿐만 아니라 뇌에도 악영향을 미친다고 해요. 높은 수준의 대기 오염은 어린이의 두뇌 활동을 느리게 만든다는 사실이 연구를 통해 밝혀졌지요.

이런 까닭에 많은 나라에서 자동차 배기가스 배출 기준을 강화하고, 전기 자동차 등 배기가스가 없는 자동차를 만들기 위해 노력하고 있어요.

우리 동네 대기질

하늘이 뿌예서 외출하기가 망설여진다면, '우리 동네 대기질'을 확인해 보세요. 웹사이트와 모바일 애플리케이션 등을 통해 쉽게 대기 오염 지수를 확인할 수 있답니다.

공기가 얼마나 깨끗한지 수치로 표현한 것을 '대기 오염 지수'라고 불러요. 대기 오염 지수는 동네마다 모두 달라요. 자동차가 많이 지나다니거나 주변에 공장이 많은 곳의 공기는 당연히 산골 마을의 공기보다 더 나쁘겠죠? 그래서 대기 오염 지수를 정확히 재기 위해 전국 97개 시, 군에 322개의 측정망이 설치되어 있어요.

측정소에서는 주변 공기를 빨아들여 공기 속 물질들을 살펴봐요. 특히 우리나라에서 환경 기준 물질로 삼고 있는 아황산가스, 일산화탄소, 이산화질소, 오존, 미세 먼지 등이 얼마나 포함되어 있는지 채집해서 분석한답니다.

이곳에서 도시의 공기 상태가 어떤지 도로변 공기는 도로 안쪽보다 얼마나 나쁜지 등을 비교해서 수치로 나타내 줘요.

이 정보는 환경부에서 운영하는 '에어코리아' 홈페이지와 휴대 전화 앱 '우리 동네 대기질'을 통해서 전국 실시간 제공되고 있어서 우리 동네 공기가 어떤지 바로 확인할 수 있지요.

대기 오염도 표시는 좋음(파랑), 보통(초록), 나쁨(노랑), 매우 나쁨(빨강)의 4개 등급으로 나누어 색상으로 표현해 한눈에 알 수 있습니다.

역사 속 최초의 대기 오염 사건

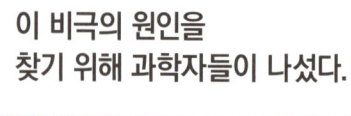

3. 먼지의 공격

위험한 먼지의 정체

우리 주변은 온통 먼지로 뒤덮여 있어요. 하지만 우리는 옷이 더러워진다거나 눈에 보이지 않으면 먼지가 있다고 생각하지 않아요. 먼지가 눈에 보여야 없애려고 노력하지요.

사실 사람들은 눈과 코, 입 속으로 먼지가 마구 들어와도 알지 못해요. 눈으로 볼 수 없는 먼지는 사람들이 깨닫지 못하기 때문에 더 위험할 수 있어요.

크기가 작다고 무조건 더 위험한 것은 아니에요. 크기와 상관없이 먼지 속 내용물이 중요해요. 석유나 여러 화학 성분들 때문에 생긴 먼지, 원자력이나 위험한 화학 물질을 다루는 과정에서 만들어진 먼지는 아주 적은 양이라도 생명을 위협할 정도로 위험하지요.

먼지가 우리 몸에 끼치는 영향

우리 몸은 외부에서 나쁜 물질이 들어오려고 하면 스스로 보호하는 기능이 있어요. 바람이 불어 먼지가 날아오면 눈은 눈꺼풀을 덮어 먼지가 들어오는 것을 막아요. 눈꺼풀로 막지 못한 먼지는 눈물이 막는데, 눈물과 함께 먼지를 바깥으로 내보내요.

코에는 코털이 있어서 먼지가 몸속으로 들어가는 것을 막아요. 코로 먼지가 들어가면 재채기를 통해 나쁜 물질을 내보낼 수 있어요. 미처 내보내지 못한 먼지는 콧물이나 가래 등을 통해 내보내거나 콧속에서 뭉쳐져 코딱지가 되기도 해요.

그런데 눈이나 코, 입이 몸속으로 들어오는 모든 먼지를 막지는 못해요. 아주 작은 먼지들은 몸속 깊은 곳까지 들어올 수 있어요. 몸속에 들어온 먼지는 기관지나 심장, 폐에 침투해서 염증을 일으킬 수 있지요. 기관지염이나 폐렴, 심장 질환 등 심각한 병이 생길 수도 있고, 심하면 생명을 위협하기도 해요.

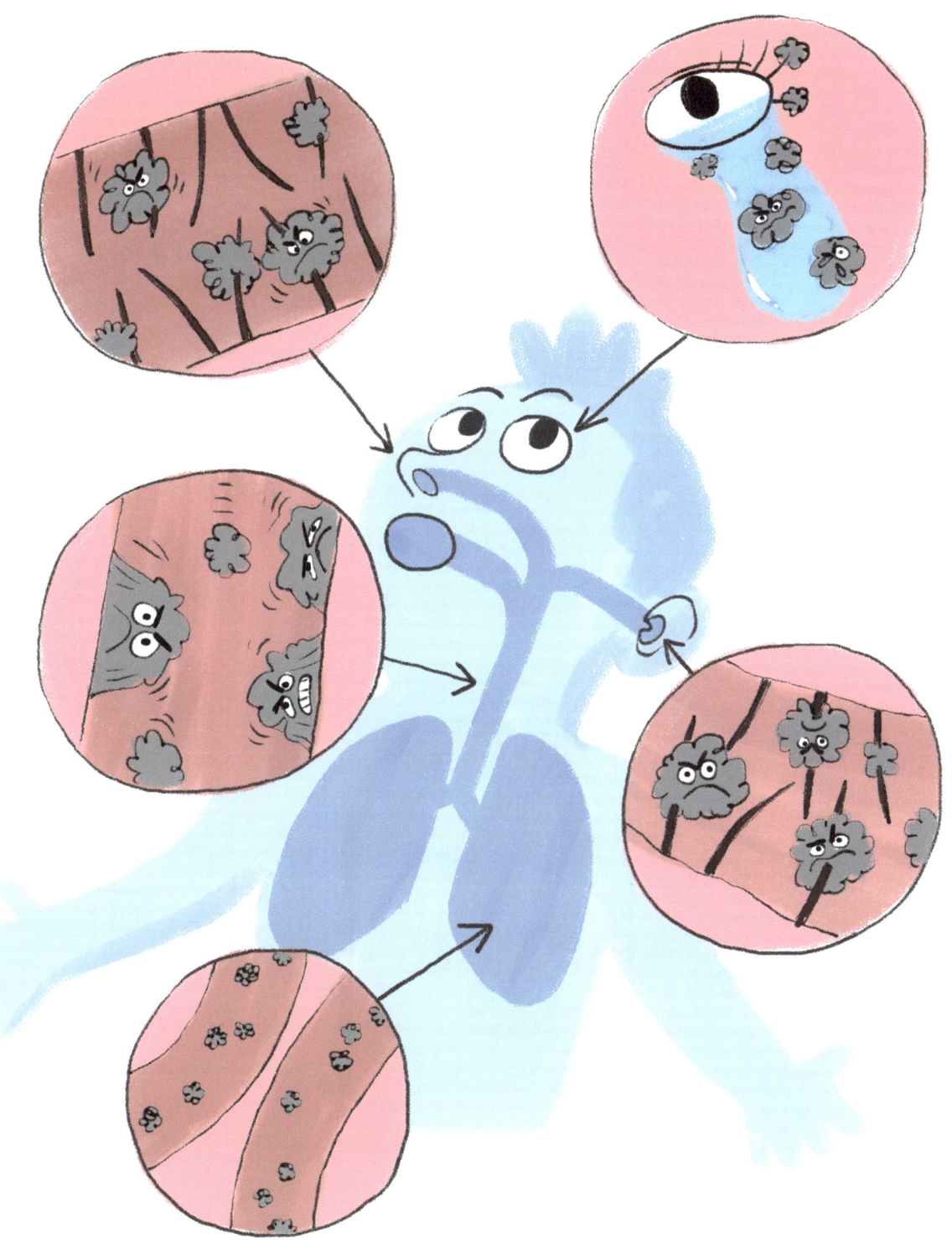

집 안팎의 먼지 차이

집 안과 밖 중 어디에 더 먼지가 많을까요? 많은 사람이 집 안일 거로 생각하지만, 사실 두 곳의 먼지는 큰 차이가 없다고 해요.

먼지는 크기가 아주 작아서 문틈이나 창문 사이, 집의 여러 틈새를 통해 바깥 먼지가 그대로 집 안으로 들어와요. 또 우리 옷이나 가방, 신발에 묻혀 들어오기도 하고요. 그래서 우리가 사는 주변 환경과 집 안의 공기는 대부분 비슷할 수밖에 없어요.

바깥 먼지와 함께 사람 몸에서 생긴 먼지가 더해져 오히려 집 안 먼지가 더 위험할 수 있어요. 비듬, 머리카락, 각질, 옷 먼지 등 다양한 집 먼지들은 각종 벌레나 진드기 같은 작은 생물체의 먹이가 돼요. 소파나 침대에 사는 이런 생명체들은 사람에게 여러 알레르기나 아토피 피부염 같은 병을 일으켜요.

집 안의 가구나 가전제품도 먼지 발생 주범 중 하나예요. 책상이나 텔레비전에서 뿜어져 나오는 먼지는 화학 먼지가 많아서 독성이 있을 수 있답니다.

먼지를 피하는 방법

우리가 생활을 멈추지 않는 한 먼지가 생기는 것을 막을 수는 없어요. 다만, 집 안에서 최대한 먼지가 적게 만들어지도록 하는 것이 최선이에요.

우선 바깥의 나쁜 먼지는 못 들어오도록 막아야 해요. 불필요한 틈이 생기지 않도록 막아 주고, 외출해서 들어올 때는 몸을 깨끗이 털고 들어가면 좋아요.

집 안에서 생긴 먼지는 바깥으로 내보내야 하니까, 바깥 공기가 깨끗할 때 창문을 열어 환기를 시켜 주어야 해요.

모터가 회전하면서 먼지를 더 작게 만들기 때문에 청소기나 헤어드라이어, 믹서 같은 전기 제품은 다른 전기 제품보다 미세 먼지를 더 많이 만들어내요. 꼭 필요한 경우가 아니라면 사용을 줄이는 것이 좋아요.

벽지나 가구를 선택할 때 되도록 친환경 소재 제품을 선택하는 것이 좋아요. 새 제품은 특히 화학 먼지를 뿜어내니까 창문을 열어 먼지를 바깥으로 내보내야 해요.

생선을 굽거나 조리하는 과정에서 먼지가 발생할 수 있으므로 요리할 때도 창문을 열고 하는 것이 좋아요.

눈에 보이지 않는 미세 먼지

먼지는 크기에 따라 굵은 먼지, 미세 먼지, 초미세 먼지로 나눠 볼 수 있어요. 우리가 눈으로 볼 수 있는 먼지 크기가 대략 50마이크로미터 정도라고 해요. 사람의 머리카락 한 가닥 굵기 정도이지요.

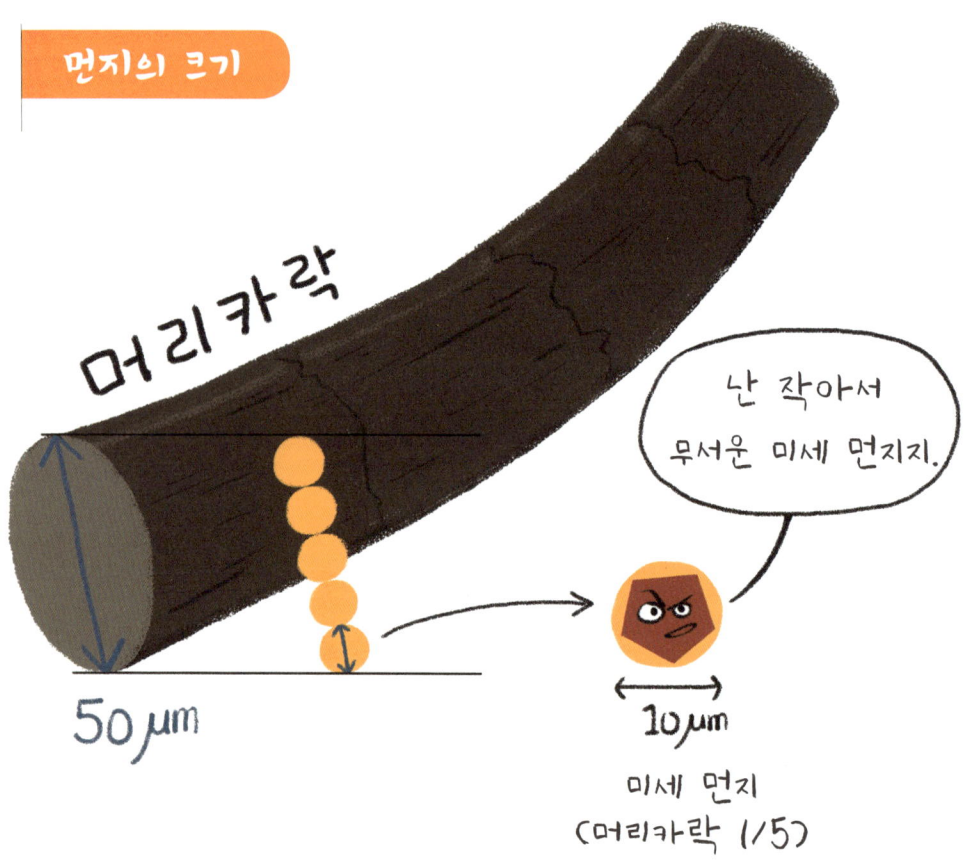

어느 정도인지 잘 모르겠다고요? 그럼 크기를 재는 단위부터 찬찬히 살펴보도록 해요. 우리가 많이 쓰는 플라스틱 자의 가장 작은 눈금 크기 단위가 1밀리미터예요. 이것을 다시 1000개로 잘게 나누어 그 한 칸을 나타낼 수 있는 크기를 1마이크로미터라고 해요. 기호는 ㎛이지요. 그러므로 50마이크로미터의 먼지 크기는 50/1000, 즉 5/100 밀리미터 정도랍니다.

지름 10마이크로미터보다 작은 먼지를 '미세 먼지'라고 하고, 지름 2.5마이크로미터보다 작은 먼지를 '초미세 먼지'라고 해요. 10마이크로미터가 머리카락의 약 1/5 정도 크기로 아주 작은 크기인데, 머리카락의 약 1/20인 초미세 먼지의 크기는 얼마나 작은 걸까요?

미세 먼지와 황사의 차이점

황사는 바람에 의해 하늘 높이 올라간 미세한 모래 먼지가 대기 중에 퍼져서 하늘을 덮었다가 서서히 떨어지는 현상이에요. 주로 자연적 활동으로 발생해, 그 자체로는 칼슘, 철분 등 토양 성분으로 미세 먼지보다 비교적 오염 물질을 덜 포함하고 있어요.

반면 미세 먼지는 주로 공장이나 자동차의 연소 작용 때문에 만들어져요. 황산염, 질산염, 중금속 등 인체에 해로운 오염 물질을 포함하고 있어, 몸속에 들어오면 더욱 치명적이지요.

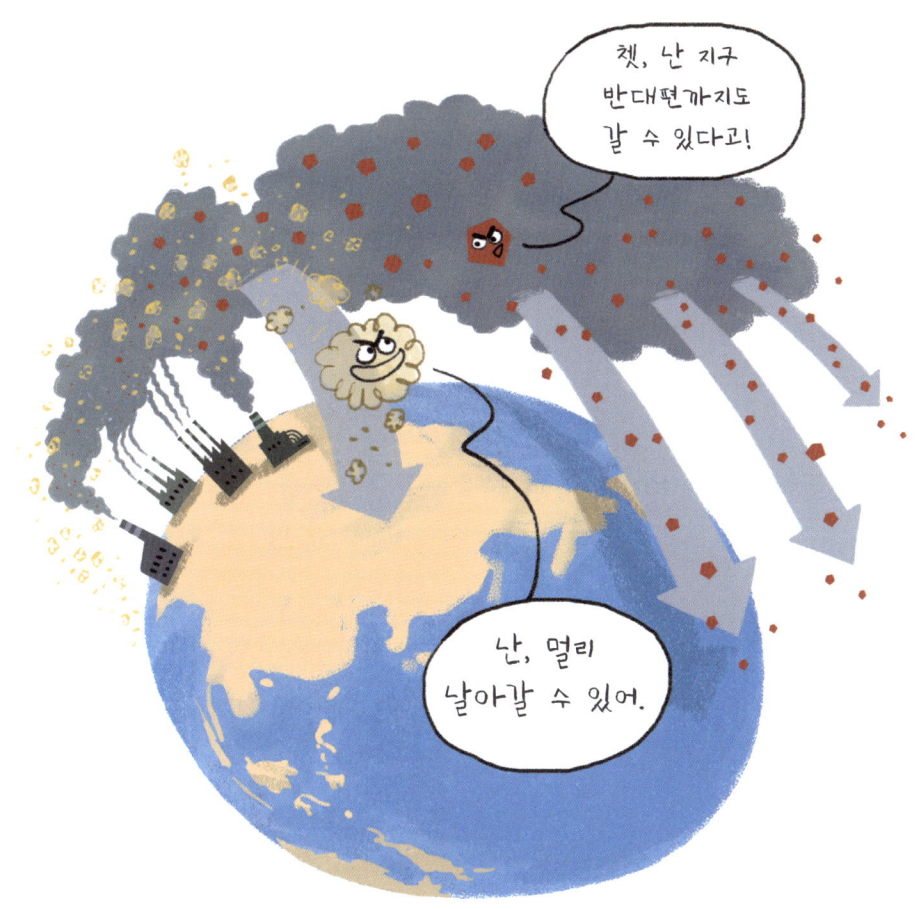

미세 먼지의 영향력

먼지들은 바람을 타고 대기권까지 올라갈 수 있는데, 아주 굵은 먼지(30㎛ 이상의 크기)들은 대기권에 올라가더라도 오래 머물지 못해요. 대부분 아래로 다시 가라앉기 때문이에요.

하지만 미세 먼지는 작고 가벼울 뿐 아니라 먼지끼리 잘 뭉치지도 않아서 대기권에 오래 머물면서 바람을 타고 먼 곳까지 날아갈 수 있어요. 아프리카의 모래 먼지가 인도양을 넘어 날아가기도 하지요. 그만큼 나쁜 영향을 넓은 지역에 줄 수 있답니다.

미세 먼지가 일으키는 질병

미세 먼지는 눈으로 볼 수 없을 만큼 작아서 우리 주변에 둥둥 떠다녀도 피할 수가 없어요. 몸에 달라붙었는지도 알 수 없고, 몸속에 들어와도 병이 날 때까지 알지 못하기 때문에 다른 먼지보다 더 위험해요.

미세 먼지에는 여러 오염 물질이 들어 있어 몸에 달라붙어 떨어지지 않으면 독성이 그대로 몸속에서 병을 일으킬 수 있어요.

먼저 피부에 앉으면 피부 구멍을 막아 여드름처럼 굵은 뽀루지가 나거나 땀구멍이 보일 만큼 피부 모공이 넓어질 수 있어요. 머리카락과 두피에도 영향을 줘서 머리카락이 빠지고 두피에 상처가 날 수 있지요.

눈이나 코는 예민해서 미세 먼지가 날아오면 다른 어떤 곳보다 금방 알 수 있어요. 황사가 불어온 날 눈이 가렵거나 따끔거리는데, 황사 속에 섞여 있는 미세 먼지가 눈에 들어갔기 때문이에요. 코에선 콧물이 계속 나거나 재채기가 나오고, 알레르기 반응을 보이기도 해요.

미세 먼지는 염증뿐 아니라 더 심각한 병의 원인이 되기도 합니다. 기관지나 폐에 들어가 기관지염이나 폐렴, 심장 기능에 이상을 가져올 수 있어요. 사람의 피에도 나쁜 영향을 끼쳐 동맥 경화를 일으키거나 혈액 응고를 방해하기도 합니다.

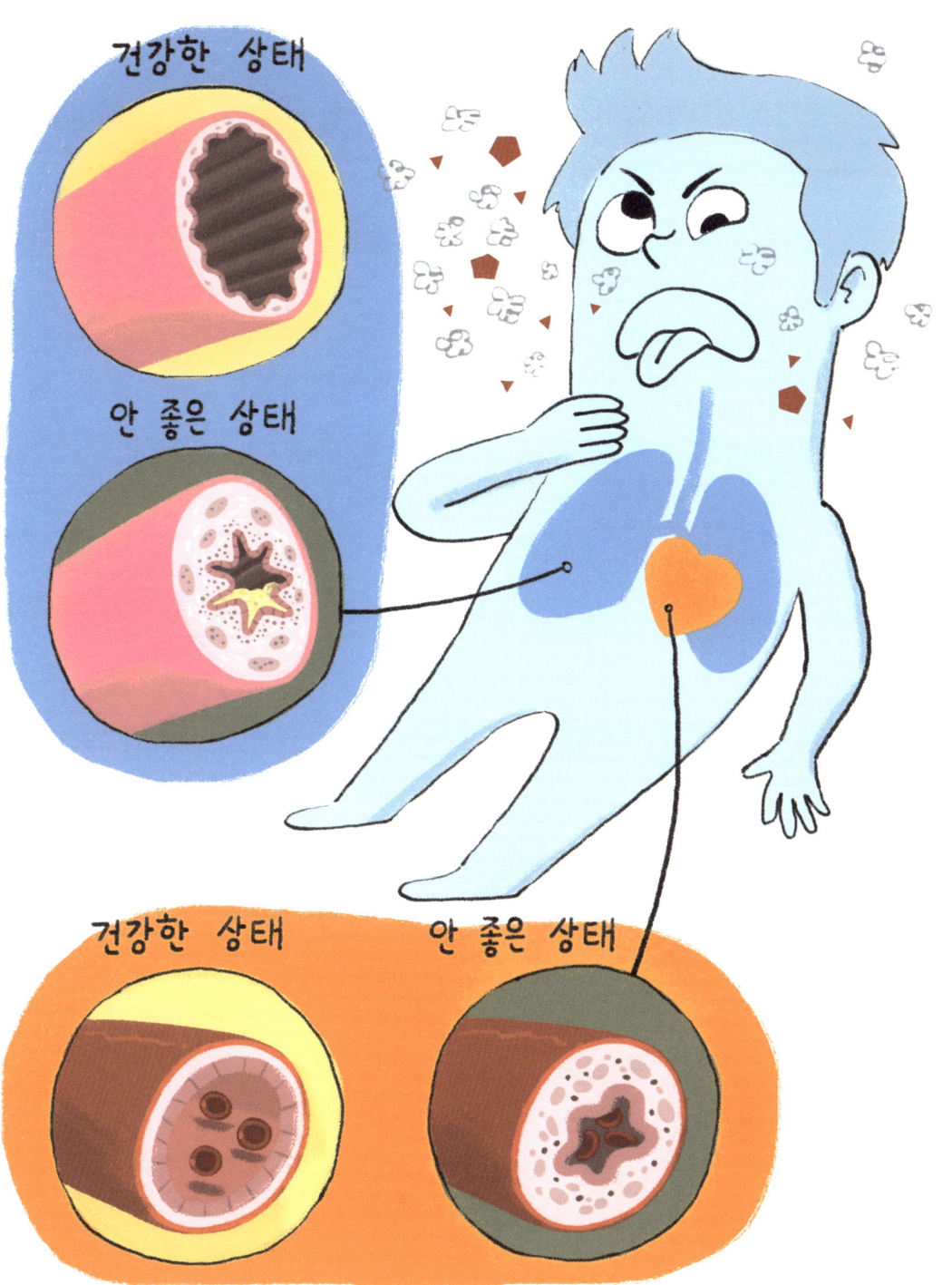

너무나 작은 초미세 먼지

초미세 먼지는 얼마나 작은 걸까요? 모래 한 알의 크기가 약 100마이크로미터예요. 미세 먼지는 모래 한 알을 10개로 잘게 나누었을 때 그 하나의 크기이고, 초미세 먼지는 미세 먼지를 다시 4개로 나누었을 때 그 하나의 크기지요.

이제 초미세 먼지가 얼마나 작은지 알겠어요? 그래서 초미세 먼지는 마치 연기나 가스처럼 눈으로 직접 확인하는 것이 불가능하답니다.

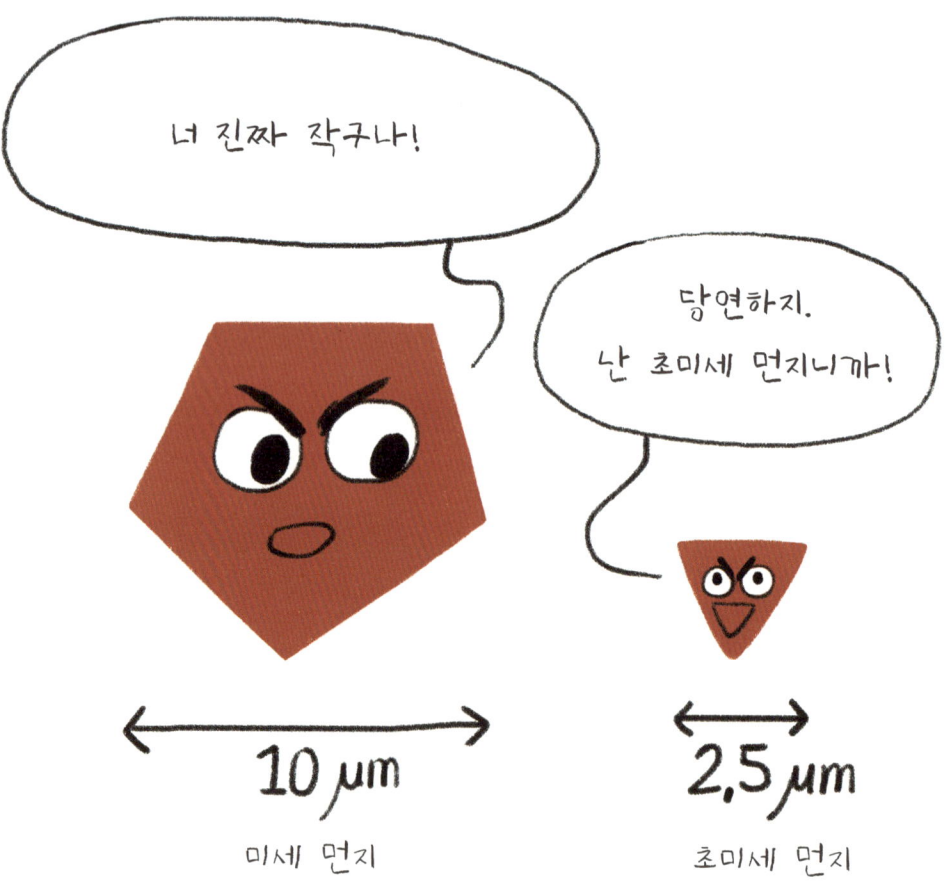

초미세 먼지의 위험성

초미세 먼지는 입자가 너무 작아서 호흡기를 통해 걸러지지 않고 바로 인체(폐까지 도달)에 흡수되고, 피부로도 침투할 수 있어요. 우리 몸 제일 깊은 곳까지 들어가서 폐렴, 심장병 등 심각한 병을 만들어낼 수 있고요.

크기가 너무 작다 보니 중력의 영향을 받지 않아 한번 발생하면 반영구적으로 떠다니기 때문에 더욱 위험하지요.

게다가 자동차와 공장, 화력 발전소 등이 주 배출원인 까닭에 우리 몸을 위협하는 이온 성분과 유해 물질 등으로 이루어져 있어요.

우리 몸은 먼지를 얼마나 막을 수 있을까?

　우리 몸은 기관별로 먼지를 통과시키는 기준이 달라요. 먼지가 우리 몸 깊숙이 들어오려면 여러 단계의 관문을 통과해야 해요. 1차 관문은 입과 코 등 얼굴 부분이에요. 이곳에서는 10마이크로미터보다 큰 일반 먼지는 통과할 수 없어요. 하지만 10마이크로미터보다 작은 먼지, 즉 미세 먼지는 가볍게 코와 입을 통과할 수 있지요.

　2차 관문은 바로 후두나 기관지의 내부 기관들이에요. 1차 관문을 통과한 작은 먼지들도 이곳에서는 쉽게 안쪽까지 들어갈 수 없어요.

　하지만 2차 관문도 너끈히 통과하는 먼지가 있는데, 바로 초미세 먼지들이에요. 우리가 깊숙이 숨을 들이쉬면 공기는 폐의 가장 안쪽 부분이자 기본인 폐포(허파 꽈리)까지 내려갈 수 있어요. 초미세 먼지는 폐포까지 들어갈 수 있어 폐나 기관지에 치명적인 영향을 줄 수 있지요.

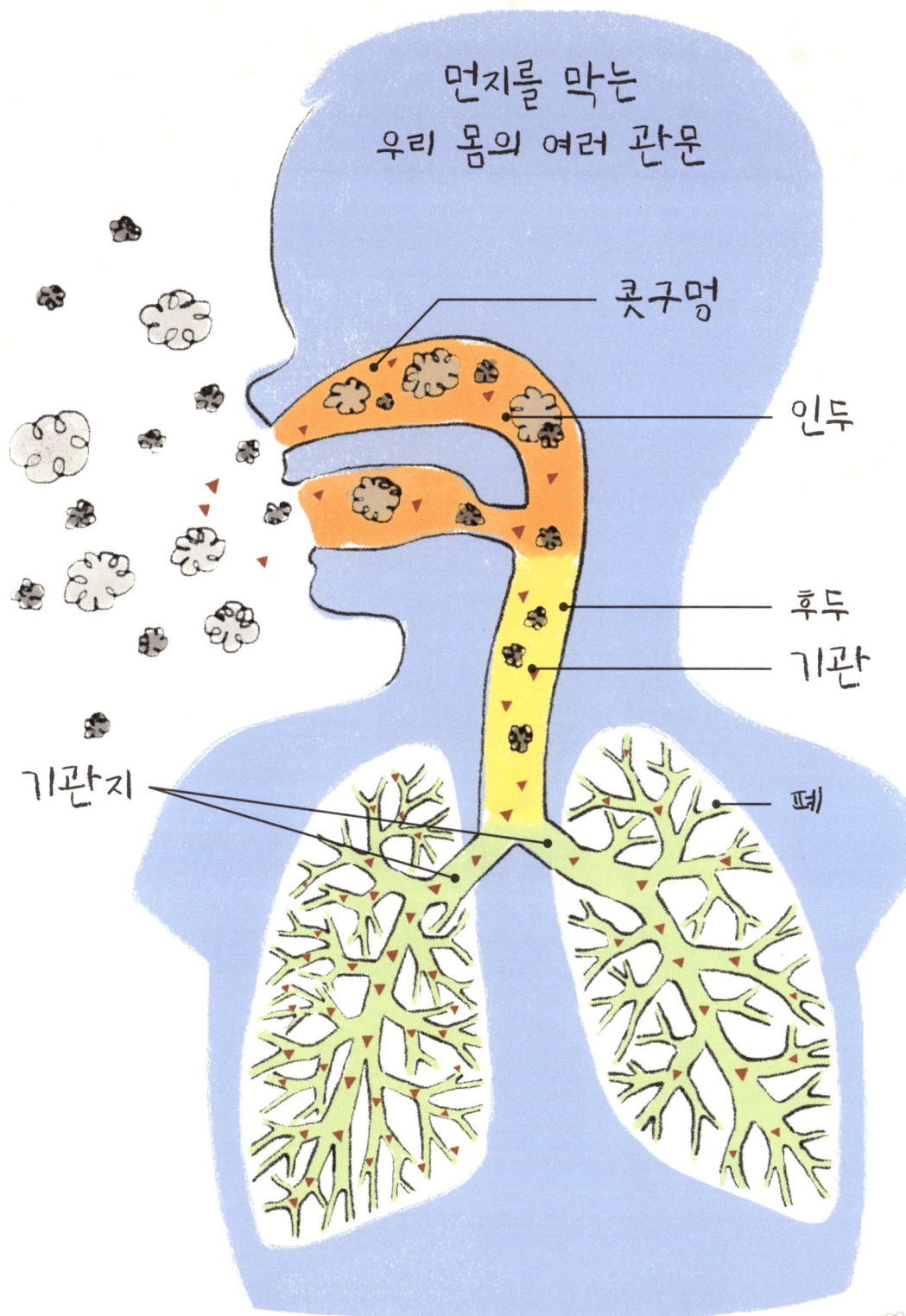

먼지가 주는 경제적 손실

먼지는 인체에만 피해를 주는 것이 아니라, 초정밀 산업에도 큰 피해를 주고 있어요. 초정밀 산업이란, 아주 정교하고 빈틈없이 제품을 만들어야 하는 산업이에요.

반도체나 디스플레이 같은 제품을 만들 때 미세 먼지가 들어가면 제품의 고장을 일으키거나 품질을 떨어뜨려요. 미세 먼지를 없애려고 높은 기압의 공기로 샤워하는 등 다양한 방법을 쓰고 있어요. 미세 먼지가 많아질수록 미세 먼지를 막기 위한 비용이 더 들고, 결국 제품을 만드는 데 더 큰 비용이 들지요.

항공 산업은 먼지에 직접적인 피해를 보는 분야예요. 미세 먼지가 심하면 앞이 잘 보이지 않기 때문에 항공기 이착륙이 불가능해지고, 승객들은 불편을 겪을 수밖에 없지요.

　자동차나 조선소, 컨테이너 등 야외에서 작업해야 하는 산업은 먼지의 피해를 고스란히 입지요. 관광, 레저, 외식 산업도 마찬가지예요. 황사 경보가 내려지면, 관광객이 줄 수밖에 없어요.

　이처럼 먼지로 인한 경제적 손실이 매우 크지만, 피해 보상을 받을 수는 없어요. 중국에서 황사를 일부러 보낸 것이 아니므로 법적인 책임을 물을 수는 없지요. 그래서 근본적인 문제 해결을 위해서는 국가 간의 협조와 노력이 필요합니다.

미세 먼지 예보

최근 먼지의 위험성이 알려지면서 일기 예보할 때 먼지 농도도 알려 주고 있어요. 바로 '미세 먼지 예보'랍니다.

예를 들어 위성에서 날아온 지구 사진을 보니, 중국 하늘에 먼지구름이 짙게 덮여 있고, 서풍이 강하게 불고 있다면, 머지않아 우리나라에 중국발 황사가 날아올 것을 예측할 수 있겠지요. 그럼 기상청에서는 바람의 세기에 따라 대략 얼마 뒤에 우리나라에 먼지구름이 도착할지 계산해서 사람들에게 알려 줘요.

대기질 예보는 시시각각으로 변하는 대기질 상황을 전달하기 위해 매일 4회(오전 5시, 오전 11시, 오후 5시, 오후 11시), 미세 먼지뿐만 아니라 초미세 먼지와 오존에 대해 농도 등급을 예측해 알려 줍니다. 미세 먼지 예보 등급은 미세 먼지의 질량에 따라 좋음, 보통, 나쁨, 매우 나쁨 4단계로 나누어져요.

남산서울타워의 조명으로도 미세 먼지의 농도를 알 수 있어요. 해가 지면 남산서울타워의 조명이 켜지는데, 조명 색깔은 미세 먼지 농도에 따라 달라져요. 좋음은 파란색, 보통은 초록색, 나쁨은 노란색, 매우 나쁨은 빨간색이랍니다.

고농도 미세 먼지가 발생했을 때는 이를 신속하게 국민에게 알려, 피해를 줄이기 위해 '미세 먼지 경보'를 발령해요. 미세 먼지 경보는 실제 발생한 대기질이 건강에 해로운 수준일 때 발령합니다.

미세 먼지 예보 등급

예보 내용		좋음	보통	나쁨	매우 나쁨 (등급 μg/㎥)
예보 물질	미세 먼지	0~30	31~80	81~150	151 이상
	초미세 먼지	0~15	16~50	51~100	101 이상
행동 요령	민감군	-	몸 상태에 따라 유의하여 활동	장시간 무리한 실외 활동 제한	실내 활동
	일반인	-	-	장시간 무리한 실외 활동 제한	장시간 무리한 실외 활동 제한

※민감군: 어린이, 노인, 천식 같은 폐 질환과 심장 질환을 앓고 있는 어른.

출처: 에어코리아(전국 실시간 대기 오염도 공개 홈페이지)

황사를 피하는 방법

황사는 모래 먼지뿐 아니라 눈에 보이지 않는 미세 먼지, 초미세 먼지까지 많이 포함되어 있어요. 그래서 먼지를 털어내는 것만으로는 황사를 막을 수 없어요.

우선 황사가 자주 발생하는 계절이 되면, 일기 예보나 미세 먼지 예보 등을 자주 확인하는 것이 좋아요. 대부분 하루 이틀 전에 인공위성을 통해 중국 하늘에 모래 먼지가 보이는지 확인할 수 있어요.

황사가 발생하는 날에는 되도록 운동장에서 놀거나 바깥에서 오래 움직이지 않는 것이 좋아요. 바깥에 나가야 한다면 황사를 막아 줄 수 있는 마스크나 보호 안경, 긴 소매 옷을 입어야 해요. 이런 장비들은 몸속으로 들어가는 미세 먼지를 조금이라도 막아 줄 수 있답니다.

동물이나 물건들도 황사가 올 때는 우리에 넣어 준다거나 덮개를 씌우는 게 좋아요. 황사는 생명체나 물건 모두에 나쁜 영향을 줄 수 있어요. 모래 먼지가 쌓인 과일은 특히 깨끗이 씻어서 먹는 것이 좋아요.

　집에서도 창문이나 문을 닫아 집안에 먼지가 들어오지 않도록 막는 것이 중요하겠지요. 바깥에서 집으로 들어갈 때는 몸에 붙어 있는 먼지를 깨끗이 털어 주세요. 눈에 보이지 않는 미세 먼지까지 꼼꼼히 털고 들어와야 집 안에 황사 먼지를 조금이라도 적게 가져올 수 있어요.

　손이나 입은 물로 깨끗이 씻고 헹구어 주는 것이 중요해요. 황사에 섞인 미세 먼지는 주로 손이나 코, 입을 통해 들어갈 수 있으니 입안을 잘 헹구어 주는 것이 좋습니다.

　모래 먼지가 부는 날에는 건조하기 때문에 건조한 미세 먼지 조각이 몸속을 상하게 할 수 있어요. 이럴 때는 물을 자주 마셔서 목이나 몸속이 덜 건조한 상태가 되게 해 주는 것이 좋아요.

황사 방지용 마스크

　요즘 황사 속에는 미세 먼지, 초미세 먼지가 많이 포함되어 있으므로 미세 먼지를 막을 수 있는 마스크를 선택해 주는 것이 좋아요. 보통 일반 부직포 마스크는 구멍이 10마이크로미터 정도 되니까 대부분 미세 먼지나 초미세 먼지는 그대로 입안으로 들어가 버린답니다.

　그럼 아예 구멍이 하나도 없는 마스크를 쓰면 더 안전하지 않을까요? 마스크는 입과 코를 가려 바깥의 찬 공기나 나쁜 먼지를 막아 주는 역할을 해요. 입과 코, 양쪽 모두에 공기가 들어가지 않으면 사람은 숨을 쉴 수 없어서 목숨이 위험해져요.

　그래서 사람이 숨을 쉴 수 있는 가장 작은 크기의 구멍을 낸 마스크를 찾아야 해요. 황사 방지용 마스크는 0.04~1마이크로미터 크기의 미세 입자를 80% 이상 막아 줄 수 있다고 해요.

　만약 일반 마스크를 사용할 때는 마스크 안쪽에 얇은 수건을 덧대어 먼지가 한 번 더 걸러질 수 있도록 해 주면 입안에 먼지가 조금이라도 덜 들어오게 할 수 있답니다.

　마스크를 쓸 때는 얼굴에 마스크가 밀착되도록 쓰는 것이 좋아요. 미세 먼지는 워낙 작아서 뻣뻣한 마스크로 입만 가리는 것으로는 부족해요. 눈 아래쪽부터 입까지 모두 가릴 수 있도록 쓰는 것이 좋고요.

　코 부분이 들뜨지 않도록 꼭꼭 눌러 주어야 해요. 주의할 것은 만약 감기에 걸린 상태로 마스크를 사용해서 마스크 안쪽에 감기 바이러스가 붙어 있다면, 다시 사용하지 않는 것이 좋아요.

4. 대기를 오염시키는 먼지

지구를 뜨겁게 만드는 먼지

옛날부터 지구는 400~500년 주기로 약 1.5도 정도 기온이 조금씩 올라갔다 내려가곤 했어요. 그런데 20세기 이후부터 지구 온도가 계속 급격히 오르고 있어 지구가 점점 뜨거워지지 않을까 걱정입니다.

과학자들이 지구가 뜨거워진 원인을 조사한 결과, 1900년대 이후 지구의 온실가스가 크게 늘었다는 사실을 발견했어요.

온실가스는 지구 바깥으로 열이 빠져나가지 못하도록 막는 기체들이에요. 햇빛이 땅을 데우면 지구는 이 열의 일부를 다시 대기 중으로 내보내는데, 온실가스가 이 열을 흡수해 지구 밖으로 열이 빠져나가지 못하도록 막아요. 이러한 온실가스의 작용으로 지구 평균 기온은 생명체가 살아가기에 알맞은 온도인 섭씨 15도 정도로 유지되고 있어요.

먼지도 온실가스?

대표적인 온실가스에는 이산화탄소, 메탄, 프레온 가스, 오존 등이 있어요.

온실가스들은 옛날부터 공기 중에 퍼져 지구를 따뜻하게 지키는 역할을 해왔는데, 최근 갑자기 많이 늘어나 지구가 점점 뜨거워지고 있는 거예요.

온실가스가 왜 늘어날까요? 온실가스들은 사람들이 만들어낸 대표적인 먼지들이에요. 이산화탄소는 석탄과 석유 같은 화석 연료를 연소하면서 만들어진 기체 먼지예요. 우리가 집을 따뜻하게 하려고 보일러를 돌리는 동안 이산화탄소 먼지가 퐁퐁 공기 중으로 퍼져 나가는 것이지요.

또 음식물 쓰레기나 폐기물을 태우면서 메탄이 만들어지기도 해요. 우리가 소고기를 많이 먹게 되면 공기 중에 메탄가스가 더 늘어날 수 있어요. 바로 소 같은 초식 동물이 트림하면서 공기 중에 메탄가스를 쏟아내거든요.

지구 온난화가 심해지면서 세계 곳곳에 태풍이나 홍수 등 이상 기후 현상이 많이 발생하고 있어요. 지구가 따뜻해지니까 북극의 두꺼운 빙하가 녹아 바닷물 높이도 점점 올라가고 있고요. 바닷물 높이가 올라가면서 키리바시 같은 섬나라는 물속에 가라앉을 위기에 처하기도 했답니다.

이산화탄소와 지구 오염

사람이 숨을 쉬려면 산소가 필요해요. 몸속으로 들어간 산소는 몸을 한 바퀴 돌아 이산화탄소가 되어서 몸 밖으로 나와요. 사람뿐 아니라 살아 있는 생물은 숨을 쉴 때마다 이산화탄소를 내뿜어요. 미생물이나 박테리아도 발효할 때 모두 이산화탄소를 만들어내고 있어요.

이산화탄소는 지구에 없어서는 안 될 아주 중요한 기체예요. 태양계의 행성에는 햇볕이 내리쬐어요. 이산화탄소는 햇빛은 그대로 통과시켜 지구로 오게 해 주고, 햇볕 때문에 따뜻하게 데워진 공기는 지구 밖으로 빠져나가지 못하도록 막아 주는 역할을 해요.

만약 이산화탄소와 같은 온실가스가 지구를 둘러싸지 않았다면, 지구는 낮에는 아주 뜨겁고 밤에는 아주 차가워 식물도 사람도 살 수 없었을 거예요.

그런데 19세기 이후, 지구에서 만들어지는 이산화탄소의 양이 많아지면서 지구에 문제가 생겼어요. 이산화탄소가 특히 더 위험한 것은 다른 온실가스보다 월등히 많기 때문이에요. 온실가스 전체 배출량의 약 88% 정도를 차지하죠.

석탄이나 석유 같은 화석 연료가 완전히 연소하게 되면 물과 이산화탄소가 만들어져요. 공장이 늘어나고 숲이 사라지면서 이산화탄소가 지나치게 늘어나 지구 평균 기온이 계속 높아지는 거예요.

온실가스는 지구를 따뜻하게 지켜 주지만, 너무 많은 온실가스가 지구를 에워싸고 있으면 지구 온난화로 인류가 위험에 빠질 수 있답니다.

6대 온실가스의 배출량

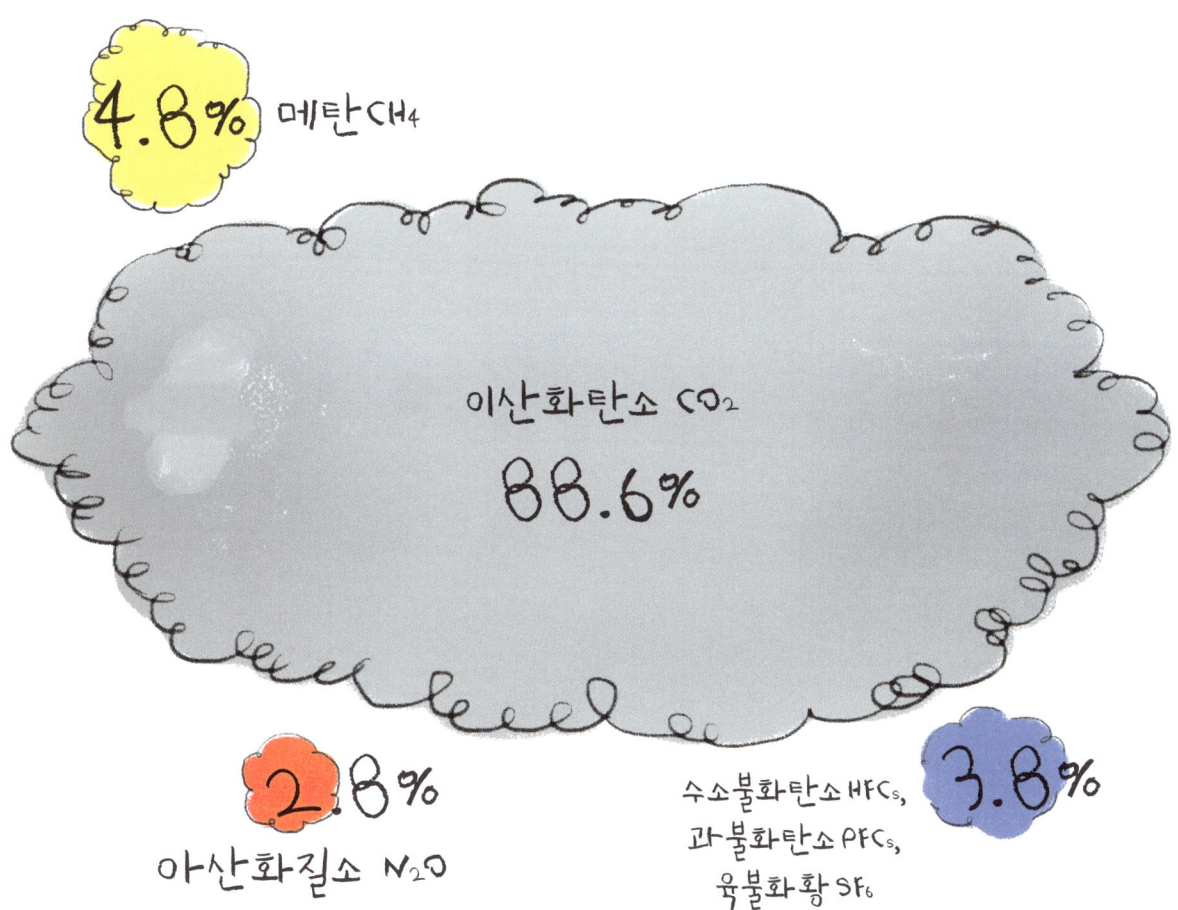

4.8% 메탄 CH_4

이산화탄소 CO_2 88.6%

2.8% 아산화질소 N_2O

수소불화탄소 $HFCs$, 과불화탄소 $PFCs$, 육불화황 SF_6 3.8%

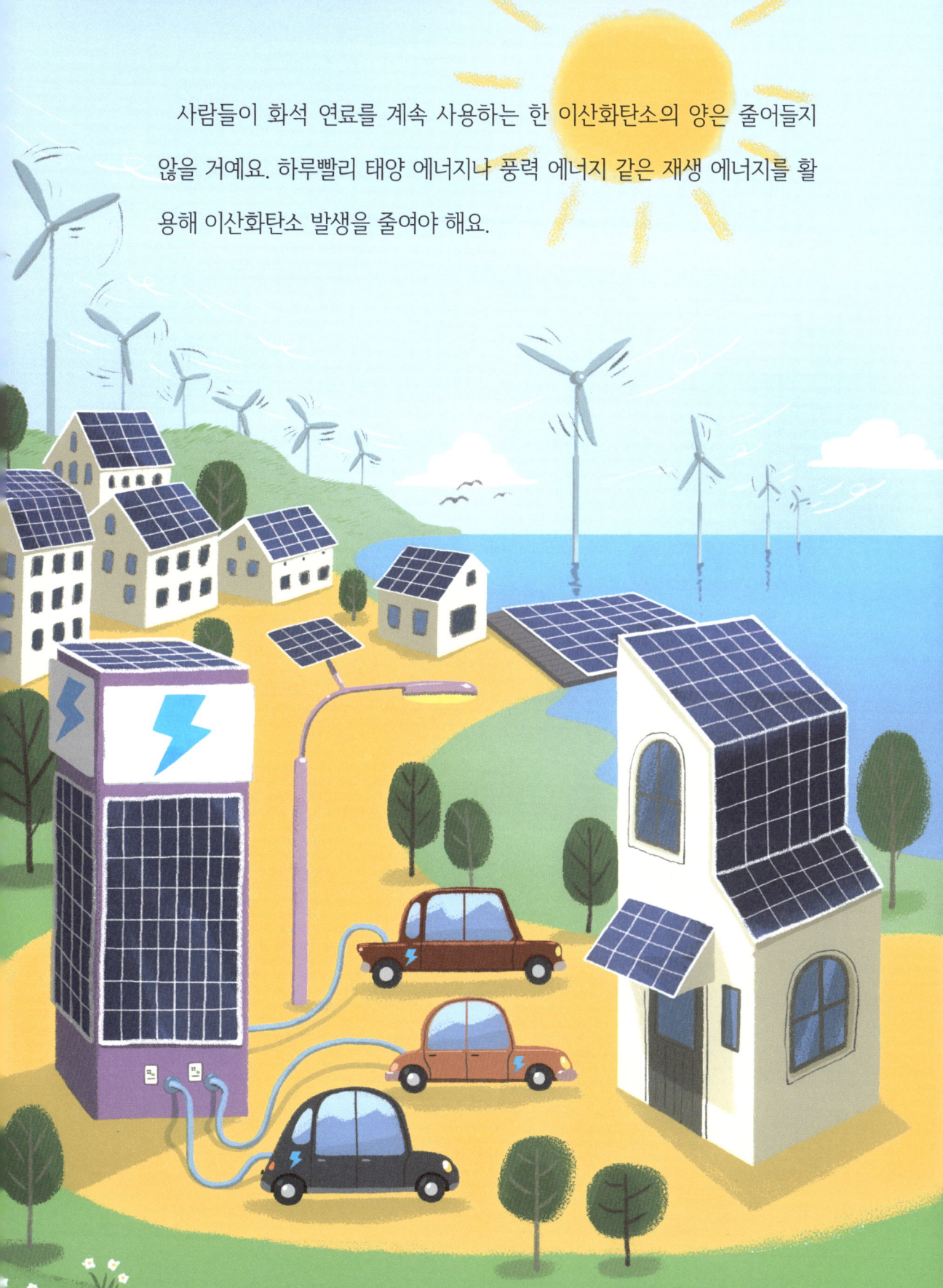

사람들이 화석 연료를 계속 사용하는 한 이산화탄소의 양은 줄어들지 않을 거예요. 하루빨리 태양 에너지나 풍력 에너지 같은 재생 에너지를 활용해 이산화탄소 발생을 줄여야 해요.

자외선을 막는 오존층

지구는 100킬로미터 이상 두꺼운 가스로 뒤덮여 있어요. 지구 바로 위 10킬로미터 정도까지는 온도가 높은 곳으로 공기층이 활발히 움직이는 대류 현상이 일어나서 대류권이라 불러요. 주로 눈, 비, 구름 등이 만들어지는 곳이지요.

이보다 더 높이 올라가면 하늘이 맑아지고, 구름이나 비도 없어져요. 그래서 비행기는 대류권이 아닌 안전한 성층권을 따라 날아요.

대기권의 구조

성층권은 지구에서 약 50킬로미터 높이까지의 공기층인데, 이 성층권 중간쯤에 도착하면 공기가 아주 많이 뜨거워져요. 25~30킬로미터 정도 높이에 오존이 특히 많이 모여 있기 때문이에요.

오존은 태양 빛 중에서도 자외선을 흡수해서 그 부분 온도만 특히 높은 거예요. 오존은 마치 띠를 두른 것처럼 지구 공기층의 한 겹을 이루게 되는데, 이 부분을 오존층이라고 불러요.

오존은 산소 원자가 3개 모여서 만들어진 기체예요. 공기 중에 아주 조금만 있어도 냄새가 나기 때문에 금방 알 수 있지요.

오존은 아주 적은 양이라도 기관지나 폐 등에 나쁜 영향을 주기 때문에 사람이 오존에 노출되면 폐나 기관지에 심각한 질병을 일으킬 수 있어요. 그런데 이 오존이 없다면 사람들은 지구에서 살 수 없답니다.

오존층 파괴 영향

오존층은 태양에서 오는 자외선을 흡수해 주기 때문에 없어서는 안 될 중요한 대기층이에요. 자외선은 파장이 짧아서 사람 눈에는 보이지 않아 위험을 느끼지 못하지만, 사람 몸에 닿으면 피부를 검게 하거나 피부암을 일으킬 수 있어요. 피부를 빨리 늙게 해 주름이 많아지고 탄력이 없어지게 하죠.

또 눈에도 치명적이에요. 백내장은 눈에 있는 수정체가 망가져서 눈이 뿌옇게 되는 병인데, 자외선에 많이 노출되면 쉽게 걸린다고 해요.

오존층이 없어지면 자외선이 지표까지 도달해 땅의 농작물이나 바닷속 플랑크톤도 제대로 자랄 수 없게 돼요.

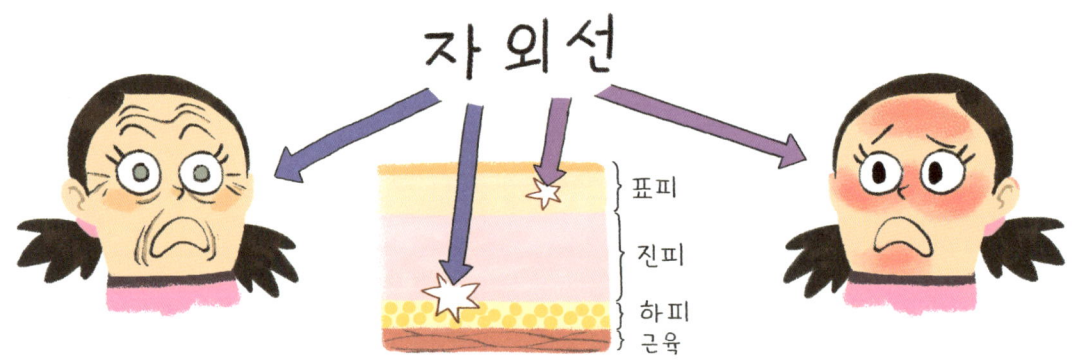

지구의 기후에도 큰 변화가 생길 거예요. 자외선을 흡수하는 오존층 때문에 성층권이 안정된 기상 상태를 유지하는데, 만약 오존층이 사라진다면 공기의 대류 현상을 일으키는 범위가 훨씬 넓어질 거예요. 뜨거운 오존층으로 아래쪽 대류 현상이 위로 올라가지 못하도록 막고 있었으니까요.

그렇다면 지금보다 훨씬 강력한 태풍과 비바람이 만들어질지도 몰라요. 오존층이 없는 지구는 지금의 지구와 아주 많이 다른 모습이 되겠죠?

오존층 파괴 원인

1980년대 이후 과학자들은 오존층이 점점 얇아지고 있다는 사실을 발견했어요. 심지어 남극 대륙 상공에는 오존 홀까지 생겼어요. 수십억 년 동안 지구를 둘러싸고 있던 오존층이 왜 갑자기 얇아지는 걸까요? 그것은 바로 사람들이 편리한 생활을 위해 만든 여러 발명 물질 때문이에요.

냉장고가 처음 만들어졌을 때는 이산화황이나 암모니아 같은 물질을 냉매로 이용했어요. 냉장고 덕분에 음식이 상하지 않게 된 것은 좋았지만, 냉매로 쓰이는 물질이 냄새도 심하고 사람에게 해로워서 고민이 많았죠.

그러던 중 냄새와 독성이 없으면서 바람에도 잘 날아가고 불은 잘 나지 않는 안정된 물질이 발명되었어요. 바로 프레온 가스(염화플루오린화탄소, CFC)예요. 사람들은 프레온 가스를 50여 년 이상 냉장고나 에어컨의 냉매제, 스프레이 가스, 드라이클리닝 용제 등으로 마구 사용했어요.

프레온 가스는 구조가 너무 안정적이어서 분해가 잘 안 돼요. 공기 중에 남아 있던 프레온 가스가 성층권까지 도달하는데 약 10년 정도 걸려요. 성층권에 도달해서도 100년 정도 지나야 없어질 만큼 안정적이죠.

프레온 가스는 자외선에 노출되면 염소, 탄소, 불소 원자로 분리돼요. 분리된 염소는 산소 원자 3개로 이루어져 있던 오존을 산소 2개 분자와 1개의 원자 형태로 분해하는 특성이 있어요. 오존층에 있던 오존들이 프레온 가스의 염소와 만나 산소가 되어 버리므로 오존층은 자꾸 얇아지게 되는 거예요. 프레온 가스 분자는 성층권에서 없어질 때까지 약 10만 개 이상의 오존을 분해할 수 있어요.

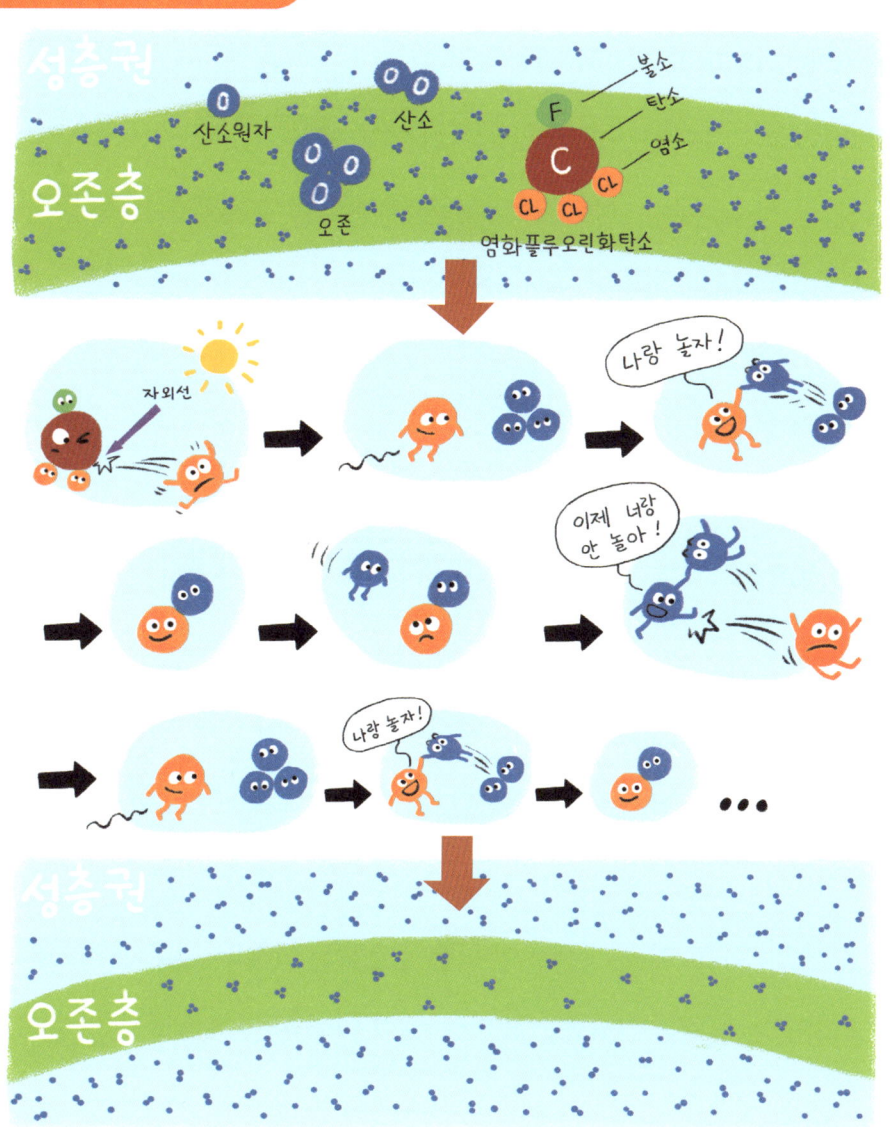

미국 화학자 셔우드 롤런드가 프레온 가스의 위험성을 처음 발견했어요. 그는 프레온 가스가 오존층을 파괴할 것이라고 계속 주장했고, 얼마 뒤 남극에서 오존 홀이 발견되었죠.

1987년 몬트리올에서 오존층 보호에 관한 협약이 정식으로 체결되었어요. 세계 여러 나라 대표가 모여 오존층 파괴 물질의 생산과 사용 규제를 결의했어요.

하지만 성층권에는 50년 이상 사람들이 쏟아낸 프레온 가스 물질이 그대로 남아 있어요. 그것이 모두 사라질 때까지 오존층은 계속 파괴되겠지요.

오존층 파괴의 또 다른 주범은 아산화질소(산화이질소)예요. 아산화질소는 질소 비료 때문에 생기는 물질로, 오존층 파괴 촉매제로 알려져 있어요. 프레온 가스는 이미 위험성이 입증되어 사용하지 않지만, 아직 아산화질소는 특별한 제약이 없어요.

지구를 둘러싸고 있을 정도면 어마어마하게 양이 많을 텐데, 오존층이 너무 쉽게 구멍 뚫린다고 생각하나요?

사실 공기 중에는 오존 분자가 많지 않아요. 100만 개의 공기 분자 중 겨우 12개 정도라고 해요. 오존층이 띠를 두르고는 있지만, 지구 표면으로 가져온다면 그 두께는 0.3센티미터밖에 되지 않아요. 오존층은 적은 양이지만, 지구를 보호하는 정말 중요한 방패라고 할 수 있어요.

오염된 비, 산성비

옛날에는 비나 눈이 오면 바깥에서 눈비를 맞으며 뛰어놀곤 했어요. 하지만 요즘은 눈이 와도 반드시 우산을 쓰고 다녀야 할 정도로 위험하게 여긴답니다.

'산성'이라는 것은 액체 속에 일정 수준 이상의 수소 이온이 녹아 있는 상태를 말해요. 주로 신맛이 나는데, 레몬이나 식초, 김치 등이 산성을 띠는 물질이에요.

어떤 액체 속에 물보다 수소 이온이 많으면 산성, 적으면 염기성이라고 불러요. 요즘 내리는 비에는 물보다 수소 이온이 많아서 '산성비'라고 부르는 것이지요.

산성, 중성, 염기성

리트머스 종이는 붉은색과 푸른색 두 가지가 있는데, 붉은색 시험지를 염기성 수용액에 담그면 푸른색으로 변하고, 푸른색 시험지를 산성 수용액에 담그면 붉은색으로 변해요. 그래서 용액이 산성인지 염기성인지를 판별하는 간단한 검사에 쓰여요.

깨끗하고 순수한 물은 리트머스 종이를 갖다 대도 색깔 변화가 없고 맛도 느낄 수 없는데, 이런 상태를 중성이라고 불러요.

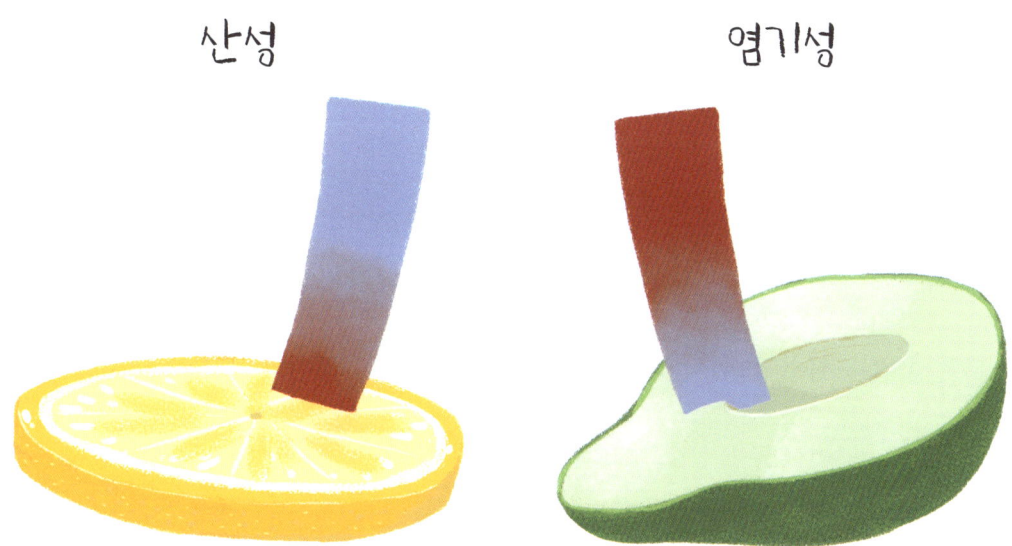

산성비가 내리는 까닭

산성 용액은 대리석이나 달걀 껍데기와 같은 탄산칼슘이 들어 있는 물질을 녹이는 성질을 가지고 있어요. 산성비가 내리면 산성 용액을 쏟아붓는 것과 마찬가지라 할 수 있죠.

산성비는 숲을 파괴하고 토양을 산성화시켜요. 산성비가 땅속에 스며들면 식물이 잘 자라지 못해요. 식물이나 나무는 땅속에 있는 염기성 성분을 영양분으로 빨아들여 쑥쑥 자라기 때문이에요. 산성비는 도시의 건축물을

　부식시키고, 바다로 흘러 들어가면 산호와 조개 등을 녹일 수 있어요.

　산성비는 질소 산화물이나 황산화물 같은 산성이 강한 물질이 비와 섞여 내리는 거예요. 질소 산화물은 자동차의 배기가스를 통해, 황산화물은 석유나 석탄을 연소하는 과정에서 생기는 물질들이에요. 결국 산성비는 사람들이 편리하게 살기 위해 발전소를 돌리고, 자동차를 몰고 다니면서 만들어낸 나쁜 결과라고 할 수 있어요. 인간의 이기심 때문에 산이나 바다는 물론 그곳에 사는 동물, 식물, 나무 그리고 사람까지 병들게 된 것이지요.

선진국과 개발도상국의 대기 오염

개발도상국이나 중진국에서 대기 오염으로 사망하는 사람의 비율이 선진국보다 5배 정도 높다고 해요. 선진국의 사망 비율이 낮은 것은 의학 기술이 더 발전해서이기도 하지만, 진짜 원인은 대기 오염이 덜 되었기 때문이에요.

2000년 이후 개발도상국에서 배출하는 이산화탄소의 양이 1년에 140억 톤이 넘는다고 해요. 전체 360억 톤 중 40%가 넘는 양이에요. 이에 비해 유럽을 포함한 선진국들의 이산화탄소 배출량은 점점 줄어들고 있어요.

유럽이나 선진국에서는 왜 이산화탄소 배출량이 줄어들고 있을까요? '기후 변화 협약' 이후 온실가스를 줄이려는 노력도 있었지만, 많은 생산 시설을 다른 나라로 보냈기 때문이에요.

    전 세계 기업들은 인건비가 싸고 생산비를 줄일 수 있는 개발도상국으로 생산 시설들을 많이 옮겼어요. 옷이나 신발 등 많은 공산품이 동남아를 비롯한 개발도상국에서 만들어지고 있어요. 기계를 움직이기 위해 많은 전기를 만들고, 공장이 계속 움직이면서 이곳에서 수많은 온실가스가 만들어지는 것이지요.

    그 예로 세계 최대의 대기 오염 사건이었던 인도의 '보팔 가스 참사'는 미국 유니언 카바이드사가 인도에 세운 살충제 제조 공장에서 일어났어요. 저장 탱크에서 유독 가스가 누출되어 2800여 명의 사람이 죽고, 20만 명 이상의 피해자가 발생했습니다.

5. 대기 오염을 막는 방법

대기 오염 대책

대기 오염으로 가장 두드러지게 나타나는 현상은 지구 온난화와 오존층 파괴예요. 나라마다 그 심각성을 깨닫고 온실가스를 줄이고, 오존층을 보호할 다양한 정책을 만들어서 시행하고 있어요.

대기 오염의 대표적 주범은 연료 연소 과정에서 발생하는 여러 가지 물질들인데요. 특히 이산화탄소의 배출량을 줄이기 위해 여러 대체 에너지 개발이 이루어지고 있어요.

석유나 석탄, 천연가스가 아닌 바람, 바닷물, 태양 에너지 등을 이용한 재생 에너지라든가 옥수수 등을 이용한 식물성 기름 개발, 수소 에너지, 지열 등 새로운 에너지들이 속속 개발되고 있습니다.

기업들이 대기 오염 물질을 그대로 공기 중에 쏟아내지 못하도록 규제하기도 해요. 대기 오염 물질을 걸러 줄 수 있는 필터를 부착하도록 하고, 기업마다 대기 오염 물질의 방출량이나 내용물에 제한을 두어서 기준을 넘길 때 법적으로 처벌도 하고요.

개인도 대기 오염을 줄이는데 동참할 수 있도록 이산화탄소가 많이 배출되는 자동차 가격을 높게 책정하거나 담뱃값 등을 인상해서 흡연하는 사람 수가 줄어들도록 유도하기도 한답니다.

　프랑스 파리에서는 2020년부터 디젤차를 가지고 시내에 들어올 수 없게 하겠다고 발표했어요. 디젤차는 연료로 경유를 사용하는 차예요. 적은 양으로도 더 멀리 갈 수 있고 엔진 기술이 좋아져서 유럽에서 인기를 끌고 있어요. 하지만 이산화탄소를 비롯해 이산화질소 같은 오염 물질을 많이 배출하죠.

　도시 공기 정화 정책에 따라 파리에서는 점차 디젤차를 사는 사람이 줄어들겠지요. 시민들이 대기 오염 물질을 덜 만들도록 세운 환경 대책의 한 예로 꼽을 수 있어요.

 **깨끗한 지구를 만들기 위한 세계인의 약속**

대기 오염은 한 나라만의 문제가 아니라, 전 세계에 영향을 줄 수 있는 심각한 문제이기 때문에 세계 여러 나라는 대기 오염을 줄이기 위해 다양한 정책을 함께 고민하고 있어요.

몬트리올 의정서

오존층 파괴 물질을 규제하자는 국제 협약으로 1987년 체결되어 1989년부터 시행되고 있어요. 오존층을 파괴하는 염화불화탄소를 단계적으로 줄여나가고 이 협약에 동참하는 나라를 늘려나가는 것이 주된 목적이에요. 우리나라는 1992년에 가입했어요.

기후 변화 협약

정식 명칭은 '기후 변화에 관한 유엔 기본 협약'이에요. 온실가스를 줄여서 지구 온난화를 막는 것이 목적이지요. 1992년 체결했는데, 190여 개국이 참여한 만큼 중요한 국제 환경 약속이라고 할 수 있어요. 기후 변화 협약에 가입한 나라는 이산화탄소를 비롯해 여러 온실가스의 배출량을 조사해서 보고해야 해요. 또 이를 줄이기 위한 국가 계획을 수립해야 합니다.

교토 의정서

　기후 변화 협약 이후, 실제 온실가스를 줄이기 위한 구체적 계획을 세우고자 만든 환경 협약이에요. 1997년 일본 교토에서 개최된 총회에서 채택되었어요.

　온실가스는 국가 개발과 밀접한 관계가 있어 나라마다 생각이 다르다 보니 쉽게 약속을 정할 수 없었어요. 개발이 이루어진 나라는 조절하며 온실가스를 줄여갈 수 있지만, 그렇지 못한 나라는 개발이 우선일 수밖에 없으니까요.

　선진국으로 꼽히는 37개국과 유럽 연합에 온실가스의 감축 의무를 줬고, 결국 다른 협약에 비해 약속이 잘 지켜지지 않았습니다.

파리 기후 변화 협약

　2020년 이후 적용할 새로운 기후 협약으로, 교토 의정서를 대체하는 것이에요. 2015년 12월 파리에서 열린 21차 유엔 기후 변화 협약 본회의에서 195개 당사국이 채택한 협약입니다.

　산업화 이전 수준 대비 지구 평균 온도가 섭씨 2도 이상 상승하지 않도록 온실가스 배출량을 단계적으로 감축하는 내용을 담고 있어요.

　교토 의정서에서는 선진국만 온실가스 감축 의무가 있었지만, 파리 협약에서는 참여하는 195개 나라 모두가 감축 목표를 지켜야 한답니다.

공기를 맑게 하는 방법

공기는 우리가 숨 쉬고 살아가기 위해 꼭 필요한 것이에요. 공기에는 산소와 질소, 이산화탄소 등 여러 기체가 섞여 있어요. 그런데 편리하게 생활하기 위해 만든 여러 물질이 공기 중에 섞이면서 지구의 공기가 나빠지고 있어요.

나빠진 공기를 좋게 하려면 우선 나쁜 물질을 더는 공기 중에 쏟아내지 말아야 하고, 좋은 공기를 새로 만들어야겠지요?

나쁜 물질을 공기에 쏟아내지 않으려면 나라, 기업, 사람들이 모두 함께 노력해야 해요. 사람들은 조금 불편하더라도 대기 오염 물질을 덜 만들어 낼 생활 습관을 유지해야 하고요. 기업은 물건을 생산하면서 공기 중에 대기 오염 물질이 빠져나가지 않도록 나쁜 물질을 걸러내는 여러 장치를 함께 사용해야겠지요. 나라에서는 모든 사람이 한 방향으로 노력할 수 있는 정책과 새로운 방법들을 연구해야 하고요.

2014년 세계 기상 기구(WMO)는 중요한 보고서를 발표했어요. 계속 커지기만 하던 남극의 오존 홀이 최근에 더는 커지지 않고 있다고 해요. 1990년대 이후 사람들이 프레온 가스 등 오존층 파괴 물질을 사용하지 않게 되면서 가능해진 일이라 보고 있어요. 생활 습관을 바꾸는 것만으로도 큰 성과를 보일 수 있다는 증거예요.

공기 중에 산소가 많이 포함되어 있고, 생물체에 해로운 기체가 적은 상태를 '깨끗한 공기'라고 해요. 산소는 식물이 광합성을 하는 과정에서 만들어져요. 지구에 식물이 많으면 그만큼 산소가 많이 만들어질 수 있어요. 숲과 갯벌은 산소를 만들어내는 가장 중요한 지형인데요. 숲속의 식물과 갯벌 속 식물 플랑크톤은 우리에게 산소를 만들어 주는 고마운 존재들이에요.

피톤치드 숲의 효과

숲 안으로 들어갈수록 코가 상쾌해지면서 시원해지는 느낌을 받을 수 있어요. 나무에서 나오는 피톤치드(Phytoncide) 때문이에요. 식물은 벌레나 병균이 자신을 공격하려고 하면 방어하기 위해 안에서부터 독특한 냄새가 나는 이 물질을 바깥으로 내뿜어요.

피톤치드는 식물을 의미하는 피톤(Phyton)과 살균력을 의미하는 치드(Cide)가 합쳐진 말입니다. 피톤치드는 식물이 자신을 보호하기 위해 내뿜는 물질이어서 병균이나 곰팡이를 죽일 수 있지만, 사람에게는 해를 끼치지 않는 물질이지요.

또 피톤치드는 피부를 소독하거나 염증을 줄여 주고, 기관지나 심장, 폐의 강화에 도움이 된다고 해요. 우리나라에서도 옛날부터 폐결핵을 앓고 있는 사람들이 공기 좋은 숲에서 요양하며 치료하곤 했어요.

피톤치드는 사람이 상쾌함을 느낄 수 있는 향을 지니고 있어요. 이런 향은 사람의 마음을 편하게 안정시켜 주는 역할을 해서 스트레스를 줄여 줘요. 그래서 요즘에는 피톤치드 숲에서 마음을 평안하게 다스리는 치유 프로그램들이 많이 만들어지고 있어요.

우리가 숲에서 피톤치드의 효과를 충분히 느끼려면 숲속 가운데로 깊숙이 들어가는 것이 좋아요. 100미터 이상 안쪽의 숲에 들어가면 사방의 나무가 뿜어내는 피톤치드 물질의 냄새와 효능을 듬뿍 받을 수 있다고 합니다.

산소를 만들고, 이렇듯 사람의 몸과 마음을 치유하는 물질도 만드는 소중한 숲. 우리가 반드시 지켜야 할 보물 아닐까요?

갯벌 지키기

갯벌은 바다이면서 땅이기도 한 곳이에요. 바닷물이 가득 들어오면 바다가 됐다가 물이 빠져나가면 땅이 되는 곳이죠. 땅 위의 물은 흘러 바다로 모이는데, 갯벌을 거쳐 바다로 들어가요.

땅에서 흘러들어온 물에는 도시나 육지의 먼지를 씻어낸 빗물도 있고, 여러 먼지나 오염 물질이 포함된 강물도 있어요. 이런 빗물과 강물은 갯벌을 지나면서 깨끗한 물로 바뀌어 바다로 갈 수 있어요. 갯벌이 마치 거름종이처럼 여러 먼지나 오염 물질을 걸러 주기 때문이에요.

갯벌에 남겨진 먼지나 오염 물질은 갯벌에 사는 생물들의 먹이가 될 수 있어요. 갯벌 속에는 다양한 동식물이 살고 있어서 먼지를 분해해 준다고 해요.

갯벌은 아마존의 열대 우림처럼 지구의 허파라고 할 수 있어요. 갯벌 속에는 아주 많은 식물성 플랑크톤이 들어 있어서 광합성을 하는데, 이때 많은 산소를 만들어낼 수 있어요.

혹시 진흙탕 갯벌이 지저분하고 더러워 보였나요? 갯벌은 지구를 깨끗하게 만들어 주고 지구를 숨 쉬게 해 주는 숨겨진 보물이랍니다.

가정에서 대기 오염 줄이기

대기 오염의 주범으로 가장 많이 꼽히는 것이 이산화탄소예요. 우리 집에서 만들어내는 이산화탄소의 양도 만만치 않아요. 우리가 텔레비전을 보고, 불을 켜고, 집을 따뜻하게 데우는 모든 일에 전기가 사용되고 있으니까요.

전기는 대부분 발전소에서 화석 연료를 이용해서 만들어지고 있어요. 물론 수력이나 원자력을 이용한 전기도 많지만, 많은 발전소가 화석 연료를 사용하고 있거든요.

대기 오염을 줄이기 위해 우리가 집에서 가장 쉽게 할 수 있는 일은 전기를 절약하는 거예요. 방에 아무도 없을 때는 전깃불을 끄고, 텔레비전도 조금만 보고요.

가족들이 외출할 때마다 사용하는 자동차도 대기 오염을 일으키는 물건이죠? 멀지 않은 거리라면 걸어서 가고, 버스나 지하철 등 대중교통을 이용하는 것이 좋아요.

에어컨이나 스프레이를 적게 사용하는 것도 좋은 방법이에요. 스프레이에 있는 프레온 가스는 공기를 오염시킬 뿐 아니라 오존층을 파괴하니까요.

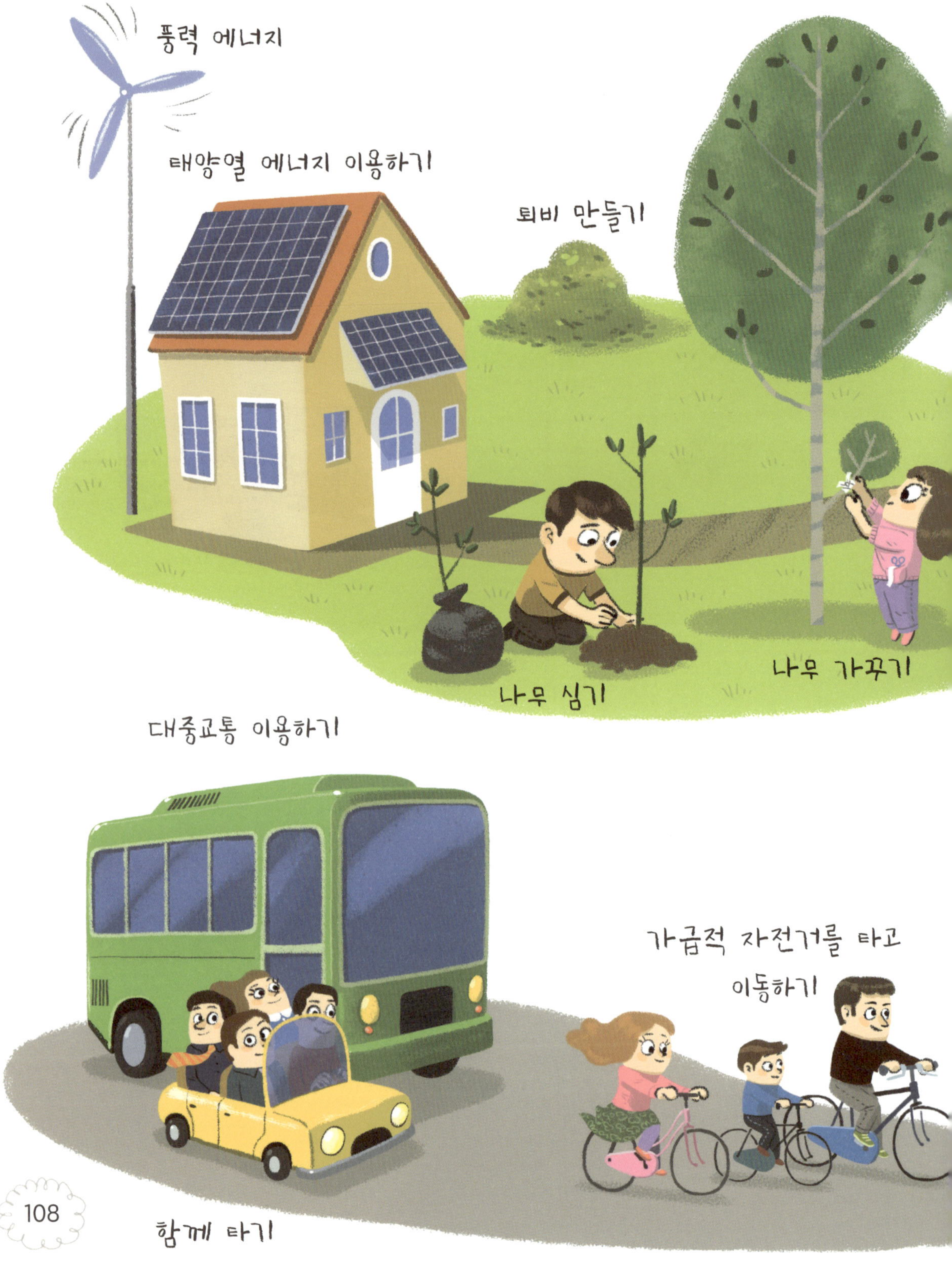
풍력 에너지
태양열 에너지 이용하기
퇴비 만들기
나무 심기
나무 가꾸기
대중교통 이용하기
가급적 자전거를 타고 이동하기
함께 타기

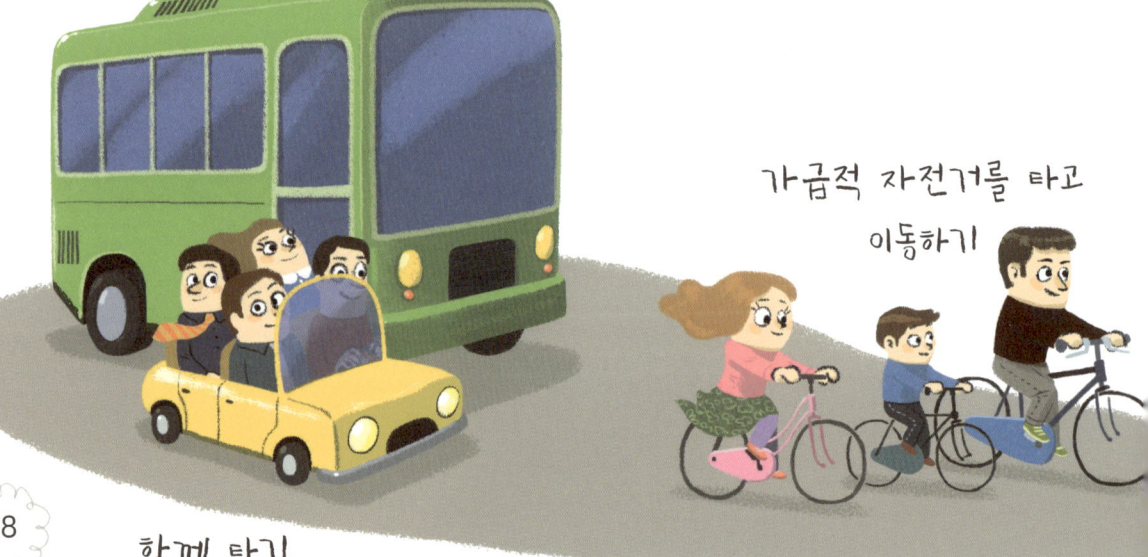

나의 '탄소 발자국'

여러분은 혹시 '탄소 발자국'이라는 말을 들어본 적 있나요? 인간이나 동물들이 걸을 때 발자국을 남기는 것처럼 우리가 일상에서 발생시키는 이산화탄소나 온실가스의 총량을 의미하는 거예요. 일상생활에서 사용하는 연료, 전기, 물품 등에서 이산화탄소가 얼마나 많이 배출되고 있는지 간단히 알아볼 수 있죠.

예를 들어 칠레 포도를 생산하기 위해 이용된 비료, 칠레에서 한국으로 실려 오는 동안 사용된 배와 자동차의 연료 등이 모두 탄소 발자국에 포함돼요. 우리가 사는 지역이 아닌 다른 지역, 다른 나라에서 옮겨온 물건은 당연히 탄소 발자국이 클 수밖에 없겠지요.

엄마가 사 오는 제철 채소나 과일을 맛있게 먹는 것도 대기 오염을 줄이는 한 방법이에요. 우리가 먹을 것 하나를 고를 때도 탄소 발자국이 적은 물건을 골라서 대기 오염 물질을 줄여 보자는 뜻이랍니다.

우리가 가장 쉽게 대기 오염을 줄이는 방법은 필요 없는 물건을 쓰지 않고 쓰레기를 줄이는 거예요. 물건을 만드는 동안 공장은 계속 돌아갈 것이고, 쓰레기가 소각되는 동안 무수히 많은 먼지가 만들어질 테니까요.

여러분이 생활하면서 이산화탄소를 얼마나 만들어낼까 궁금한가요? 자신의 탄소 발자국을 쉽게 계산할 수 있는 웹사이트가 있답니다. 바로 환경부에서 운영하는 '탄소 발자국 기록장(www.kcen.kr/cbook)'이에요. 나의 생활 습관과 교통 사용량 등을 기록하면 내가 하루에 이산화탄소를 얼마나 만들어내는지 쉽게 계산해 줘요.

가정에서 지켜야 할 수칙

1. 실내에 온도계를 달고 수시로 온도를 확인해요.
2. 한번 산 물건은 아껴 쓰는 습관을 갖도록 해요.
3. 어린이에게 에너지의 중요성을 알려 줘요.
4. 어린이에게 절약하는 습관을 갖도록 해요.
5. 열의 흡수가 잘 되는 밑바닥이 넓은 조리기를 사용해요.
6. 압력밥솥(냄비)을 사용해 조리 시간을 줄여요.
7. 겨울에는 옷을 두껍게 입고 실내 온도를 낮춰요.
8. 창문은 이중창이나 복층 유리로 하고 틈새 바람을 막아요.
9. 실내에는 자연조명을 적극적으로 활용해요.
10. 겨울에는 채광, 여름에는 차광에 힘써요.
11. 실내는 밝은색으로 꾸며요.
12. 조명은 실내 넓이에 알맞은 밝기로 해요.
13. 빈방 등 쓰지 않는 곳과 외출 시에는 반드시 불을 꺼요.

14. 복도, 현관 등에는 타임스위치를 설치해요.

15. 보일러를 살 때는 꼭 난방 용량을 따져 보고 사요.

16. 노후 보일러는 바꾸어요.

17. 보일러 청소를 자주 하여 열효율을 높여요(가스보일러는 2년에 한 번, 기름 연탄보일러는 1년에 한 번씩 청소).

18. 보조 난방 기구를 설치할 때 열효율을 높이는 방법으로 설치해요.

19. 주택을 단열해요(천장이나 벽 등을 단열하면 연료비 50% 이상 절약).

출처: 환경부

먼지 관련 상식 퀴즈

먼지의 습격을 막을 놀라운 능력을 갖출 미래의 인재 여러분, 문제에 도전해 보세요!

01 모래보다 작아서 작은 바람에도 쉽게 날리는 아주 작은 가루를 '먼지'라고 해요. (◯, ✕)

02 봄철에 불어오는 모래 먼지바람을 ＿＿＿＿＿＿＿＿ 라고 해요.

03 스모그는 마치 안개가 낀 듯 매연 등으로 하늘이 뿌옇게 보이는 현상을 말해요. (◯, ✕)

04 자동차 배기가스 속에 포함된 질소 산화물이 태양 광선과 화학 반응을 일으켜 스모그를 일으키기도 해요. (◯, ✕)

05 '런던형 스모그'는 공장이나 가정의 난방 시설에서 나오는 오염 물질로 만들어지는 황갈색 스모그를 말해요. (○, ×)

06 다양한 집 먼지들은 각종 벌레나 ＿＿＿＿＿＿ 같은 작은 생물체의 먹이가 돼요.

07 먼지는 크기에 따라 굵은 먼지, 미세 먼지, ＿＿＿＿＿＿로 나눌 수 있어요.

08 황사는 그 자체로는 칼슘, 철분 등 토양 성분으로 미세 먼지보다 비교적 오염 물질을 덜 포함하고 있어요. (○, ×)

09 미세 먼지는 작고 가벼워서 대기권에 오래 머물러 있지 못해요. (○, ×)

10 황사가 발생하는 날에는 되도록 운동장에서 놀거나 바깥에서 오래 움직이지 않는 것이 좋아요. (○, ×)

11 온실가스는 지구 바깥으로 열이 빠져나가지 못하도록 막는 기체들이에요. (○, ×)

12 이산화탄소는 온실가스 전체 배출량의 약 20% 정도를 차지해요. (○, ×)

13 오존은 마치 띠를 두른 것처럼 지구 공기층의 한 겹을 이루게 되는데, 이 부분을 ＿＿＿＿＿＿이라고 불러요.

14 오존은 산소 원자가 3개 모여서 만들어진 기체예요. (○, ×)

15 산성비는 숲을 파괴하고 토양을 산성화시켜요. (○, ×)

16 2020년 이후 적용할 새로운 기후 협약으로, 교토 의정서를 대체하는 협약의 이름은 '몬트리올 의정서'예요. (○, ×)

17 식물은 벌레나 병균이 자신을 공격하려고 하면 방어하기 위해 안에서부터 독특한 냄새가 나는 _____를 바깥으로 내뿜어요.

18 갯벌은 바다이면서 땅이기도 한 곳이에요. (○, ×)

19 대기 오염의 주범으로 가장 많이 꼽히는 것이 이산화탄소예요. (○, ×)

20 우리가 일상에서 발생시키는 이산화탄소나 온실가스의 총량을 의미하는 것은 _____이에요.

정답
01 ○ 02 황사 03 ○ 04 ○ 05 × 06 진드기 07 초미세 먼지 08 ○
09 × 10 ○ 11 ○ 12 × 13 오존층 14 ○ 15 ○ 16 ×
17 피톤치드 18 ○ 19 ○ 20 탄소 발자국

먼지 관련 단어 풀이

은하 : 천구(天球) 위에 구름 띠 모양으로 길게 분포되어 있는 수많은 천체의 무리.

혜성 : 가스 상태의 빛나는 긴 꼬리를 끌고 태양을 초점으로 긴 타원이나 포물선에 가까운 궤도를 그리며 운행하는 천체.

밀도 : 액체나 고체의 조밀한 상태를 나타내는 말. 어떤 물체의 무게를 부피로 나누면 밀도를 구할 수 있음.

행성 : 중심 별의 강한 끌힘의 영향으로 타원 궤도를 그리며 중심 별의 주위를 도는 천체. 스스로 빛을 내지 못하고, 중심 별의 빛을 받아 반사함. 태양계에는 수성, 금성, 지구, 화성, 목성, 토성, 천왕성, 해왕성의 8개 행성이 있음.

원자 : 물질의 기본적 구성단위. 하나의 핵과 이를 둘러싼 여러 개의 전자로 구성되어 있음.

태양계 : 태양과 그것을 중심으로 공전하는 천체의 집합. 태양, 8개의 행성, 50개 이상의 위성, 화성과 목성 사이에 흩어져 있는 소행성, 태양 주위를 지나는 혜성, 긴 빛줄기를 만드는 유성 따위로 이루어져 있음.

운석 : 지구상에 떨어진 별똥. 대기 중에 돌입한 유성(流星)이 다 타버리지 않고 땅에 떨어진 것.

대기권 : 지구를 둘러싸고 있는 대기의 범위. 지상 약 1000킬로미터까지를 이름.

바이러스 : 동물, 식물, 세균 따위의 살아 있는 세포에 기생하고, 세포 안에서만 증식이 가능한 비세포성 생물.

박테리아 : 생물체 가운데 가장 미세하고 가장 하등에 속하는 단세포 생활체.

광물 : 차돌, 질돌처럼 암석을 이루는 작은 알갱이.

화산재 : 화산에서 분출된 용암의 부스러기 가운데 크기가 4밀리미터보다 작은 알갱이.

매연 : 연료가 탈 때 나오는, 그을음이 섞인 연기. 특히 탄소 화합물의 불완전 연소로 생기는 오염 물질.

화석 연료 : 지질 시대에 생물이 땅속에 묻히어 화석같이 굳어져 오늘날 연료로 이용하는 물질. 석탄·석유·천연가스 등.

배기가스 : 내연 기관 따위에서, 필요 없게 되어 배출하는 가스. 다량의 수증기, 그을음, 먼지 따위로 이루어졌으며 일산화탄소 등 해로움이 있는 성분이 포함되어 있음.

산업화 : 2차·3차 산업의 비율이 높아지고, 제조업의 발달과 더불어 발전된 분업 체계 속에서 사람들의 경제 활동이 전문화되는 과정. 또한 그에 따른 전반적인 사회 변화.

도시화 : 도시에 인구가 증가하고, 그 결과 도시의 문화 형태가 도시 이

외의 지역으로 발전·확대되며 국가 전체의 산업 구조에 변화가 나타나는 현상.

대기 환경 보전법 : 대기 환경을 적정하게 보전하여 국민이 건강한 생활을 할 수 있도록 하기 위해 제정한 법률.

아황산가스 : 황이나 황화합물을 태울 때 생기는 독성이 있는 무색의 기체로, 자극적인 냄새가 나며, 산성비의 원인이 되는 공해 물질.

질소 산화물 : 질소와 산소의 화합물. 일곱 종류가 알려져 있는데, 석유나 석탄의 연소로 인하여 생기는 일산화질소나 이산화질소는 대기 오염의 주원인.

굴절 : 휘어서 꺾임. 빛이 어느 한 물질에서 다른 물질로 진행할 때 경계면에서 진행 방향이 꺾이는 현상.

발원지 : 어떤 현상이 맨 처음 생기거나 일어난 곳.

상승 기류 : 대기 중에서 위쪽으로 올라가는 공기 흐름. 단열 팽창으로 공기 중의 수증기가 응결됨에 따라 구름이 만들어지고 비가 내리게 되는 경우가 많음.

기압 : 공기가 누르는 압력.

편서풍대 : 편서풍이 늘 부는 띠 모양의 지역.

하강 기류 : 대기 중에서 아래로 내려가는 공기의 흐름.

태양 에너지 : 태양으로부터 오는 열과 빛 형태의 에너지.

기공 : 식물의 잎이나 줄기의 겉껍질에 있는, 숨쉬기와 증산 작용을 하는 구멍.

광합성 : 식물이 잎으로 빛과 이산화탄소를 흡수하여 양분과 산소를 만

들어내는 활동.

황사 발생 횟수 : 황사 발원지에서 발생한 황사가 기상청의 관측 지점에서 관측이 시작되어 종료될 때까지를 1회로 한 횟수.

황사 지속 일수 : 황사 발원지에서 발생한 황사가 기상청의 관측 지점에서 관측 시작되어 관측 종료될 때까지의 관측 일수.

카드뮴 : 은백색의 금속으로, 주로 배터리, 색소, 금속 도금, 플라스틱 등에도 많이 사용됨. 몸속으로 들어오면 배출되지 않고 남아, 오랫동안 계속 노출되면 심각한 공해병을 일으킴.

납 : 푸르스름한 잿빛의 금속 원소. 금속 가운데 가장 무겁고 연하며, 몸속에서 중독 증상을 일으키기도 함.

산업 혁명 : 1700년대 후반부터 영국에서 시작해 유럽에서 일어난 생산 기술과 그에 따른 사회 조직의 큰 변화. 과학과 기술의 발달로 산업의 기초가 수공업에서 대규모 기계 공업으로 전환된 큰 변화.

연소 : 산소와 물질이 화학반응을 통해 열이나 빛을 내는 현상. 촛불이 타는 현상 또한 연소 과정 중 하나.

불완전 연소 : 산소의 공급이 충분하지 않은 상태에서 물질이 타는 현상. 일산화탄소나 그을음이 생김.

적혈구 : 혈액 속에 들어 있는 납작한 원반 모양의 혈액세포. 주로 골수에서 만들어지며 산소를 몸의 각 부분에 나르는 구실을 함.

헤모글로빈 : 철을 함유하는 빨간 색소인 헴과 단백질인 글로빈의 화합물. 적혈구 속에 있으며, 산소와 쉽게 결합하여, 주로 척추동물의 호흡에서 산소 운반에 중요한 역할을 함.

오존 : 3 원자의 산소로 된 푸른빛의 기체. 특유한 냄새가 나며, 상온에서 분해되어 산소가 됨. 산화력이 강하여 산화제, 표백제, 살균제로 씀.

각질 : 파충류 이상의 척추동물의 표피 부분을 이루는 경단백질로 이루어진 물질. 케라틴 성분으로, 동물의 몸을 보호하는 비늘, 털, 뿔, 부리, 손톱 따위에 많이 포함되어 있음.

황산염 : 황산 분자에 들어 있는 수소 이온의 일부 또는 전부가 금속 이온 따위의 양이온으로 치환된 화합물을 통틀어 이르는 말.

질산염 : 양이온 또는 금속 이온의 질산염. 금속의 산화물이나 탄산염을 질산에 녹여 만든 화합물로, 유기염기의 질산염을 제외하면 물에 녹으며 산화제, 화약, 비료 따위로 쓰임.

동맥 경화 : 동맥의 벽이 두꺼워지고 굳어져서 탄력을 잃는 병.

혈액 응고 : 혈관 밖으로 나온 피가 굳어지는 현상. 지혈 효과가 있어 생명을 유지하는 데 꼭 필요함.

후두 : 목 앞쪽에 위치하는 기관으로 소리를 내고 이물질이 기도로 들어가는 것을 막음.

기관지 : 기관과 폐 사이를 이어주는 관으로 심장의 위쪽 뒤에서 두 갈래로 갈라지며, 그 끝이 나뭇가지처럼 되어 폐포로 이어짐. 들이마신 공기가 폐로 들어가고, 내쉰 공기가 폐로부터 몸 밖으로 나가는 공기의 이동 통로.

폐포 : 허파로 들어간 기관지의 끝에 포도송이처럼 달려 있는 공기 주머니. 폐의 80% 이상이 폐포로 이루어져 있으며, 호흡할 때에 가스를 교환하는 작용을 함.

반도체 : 낮은 온도에서는 거의 전기가 통하지 않으나 높은 온도에서는 전기가 잘 통하는 물질로 컴퓨터, 텔레비전 등과 같은 전자 제품에 들어감.

디스플레이 : 컴퓨터 모니터나 텔레비전 수상기 등 화면을 이용하여 정보를 영상으로 출력하는 장치.

메탄 : 색이 없고 냄새가 없는 가연성 기체로 물에 녹지 않으며 공기 속에서 불을 붙이면 파란 불꽃을 내면서 탐. 천연적으로는 늪이나 습지의 흙 속에서 유기물의 부패와 발효에 의하여 생기며, 공업적으로는 일산화탄소와 수소를 반응시켜 얻음.

프레온 가스 : 염화플루오린화탄소가 정식 명칭이며 미국 뒤퐁사의 상품명인 프레온 가스로 불림. 냉장고의 냉매, 에어로졸 분무제 등에 쓰이며, 오존층을 파괴하는 원인이 되는 물질.

이상 기후 : 기온이나 강수량 따위가 정상적인 상태를 벗어난 상태.

자외선 : 태양광 중에서 가시광선보다 파장이 짧아 눈에 보이지 않는 빛.

오존 홀 : 지상 20~25킬로미터에 있는 오존층이 주로 8월에서 10월 사이에 엷어져 구멍이 뚫린 것 같은 상태가 되는 현상.

냉매 : 차갑게 만들기 위해 필요한 물질.

촉매 : 자신은 변화하지 아니하면서 다른 물질의 화학 반응을 매개하여 반응 속도를 빠르게 하거나 늦추는 일. 또는 그런 물질.

황산화물 : 황의 산소화물을 통틀어 이르는 말. 석유나 석탄 따위가 연소할 때에 생기는 이산화황이나 삼산화황으로, 대기 오염이나 산성비

의 원인이 되며, 호흡기 질환을 일으킴.

개발도상국 : 산업의 근대화와 경제 개발이 선진국에 비하여 뒤떨어진 나라.

인건비 : 사람을 부리는 데에 드는 비용.

세계 기상 기구(WMO) : 세계 각국의 기상 업무를 통합한 국제 연합의 전문 기구의 하나. 1879년에 창립된 '국제 기상 기구'의 이름을 바꾸어 1950년 3월에 새로 발족한 것으로, 본부는 제네바에 있음.

타임스위치 : 정한 시간에 자동적으로 전류가 흐르거나 끊어지도록 해 주는 장치.

열효율 : 기관에 공급된 열이 유효한 일로 바뀐 정도를 나타내는 비율.